Michael Steinke
VW-Busse und -Transporter
Band 2: seit 1980

Typenkompass

Michael Steinke

VW-Busse und -Transporter

Band 2: seit 1980

Motorbuch Verlag

Einbandgestaltung: Katja Draenert

Titelbilder: Archiv Michael Steinke

Bildnachweis: Alle Bilder Archiv Michael Steinke

Eine Haftung des Autors oder des Verlages und seiner Beauftragten für Personen-, Sach- und Vermögensschäden ist ausgeschlossen.

ISBN 3-613-02458-6

1. Auflage 2004
Copyright © by Motorbuch Verlag, Postfach 103743, 70032 Stuttgart
Ein Unternehmen der Paul Pietsch Verlage GmbH + Co.

Sie finden uns im Internet unter: www.motorbuch-verlag.de

Nachdruck, auch einzelner Teile, ist verboten. Das Urheberrecht und sämtliche weiteren Rechte sind dem Verlag vorbehalten. Übersetzung, Speicherung, Vervielfältigung und Verbreitung einschließlich Übernahme auf elektronische Datenträger wie CD-ROM, Bildplatte usw. sowie Einspeicherung in elektronische Medien wie Bildschirmtext, Internet usw. sind ohne vorherige schriftliche Genehmigung des Verlages unzulässig und strafbar.

Lektorat: Martin Gollnick
Reproduktion: digi bild reinhardt GmbH, 73037 Göppingen
Innengestaltung: DTP-Büro Viktor Stern, 72160 Horb
Druck/Bindung: Henkel GmbH, 70435 Stuttgart
Printed in Germany

Inhalt

Einführung _____ 7
Anmerkungen zu Typologie,
Sonderausführungen und Modellpflege ___ 13
Motorentabellen _____ 18

T3: Modelljahr 1980 bis 1982
Kastenwagen _____ 20
Kombi _____ 22
Hochraumkasten / Hochraumkombi ___ 23
Bus / Bus L _____ 24
Caravelle _____ 26
Pritschenwagen _____ 27
Großraum-Pritschenwagen _____ 28
Doppelkabine _____ 29

Sonderausführungen
Krankenwagen + Feuerwehr-
Kommandowagen _____ 30
Taxi + Verkehrsunfall-Aufnahmewagen ___ 31
Hubsteiger / Verkaufswagen (Aufbau) ___ 32
Dehler Profi _____ 33
Campingwagen »Joker« _____ 34

T3: Modelljahr 1983 bis 1992
Kastenwagen / Hochraumkasten _____ 36
Kombi / Hochraumkombi _____ 37
Pritschenwagen / Großraum-Pritschen-
wagen _____ 38
Doppelkabine _____ 39
Bus/Caravelle C, CL und GL _____ 40
Caravelle Carat _____ 42
Multivan _____ 44
Syncro-Ausführungen _____ 46

Sonderausführungen
Krankenwagen / Hochraum-KTWs _____ 48
Feuerwehr-Kombi / -Kasten _____ 49
Großraumtaxi / Hochraum-Halbkasten ___ 50
Kipper / Fahrgestell mit Fahrerhaus _____ 51

Verkaufswagen / Koffer-Aufbau _____ 52
Karmann Gipsy _____ 53
Dehler Profi / Multivan »2+2« _____ 54
Joker-Ausführungen _____ 56
California / Atlantic _____ 58

Sonder-Editionen
Caravelle Coach _____ 60
Multivan Magnum _____ 61
Doka Jagdwagen / TriStar _____ 62
Blue Star / White Star _____ 64
Last Limited Edition _____ 65

T4: Baujahr 1990 bis 1995
Kastenwagen _____ 66
Hochraum-Kastenwagen _____ 67
Kombi _____ 68
Hochraum-Kombi _____ 69
Pritschenwagen / Tiefladepritsche _____ 70
Doppelkabine _____ 72
Fahrgestell / Doka-Fahrgestell
(mit Fahrerhaus) _____ 73
Caravelle / Caravelle GL _____ 74
Multivan _____ 76
Multivan Allstar / Multivan Classic _____ 78
California mit Aufstelldach /
Hochdach _____ 79
California Coach mit Aufstelldach /
Compactdach _____ 80
California Club / Tour _____ 82
California Exclusive _____ 83
Syncro-Ausführungen _____ 84

Sonderausführungen
Krankenwagen-Grundmodell _____ 86
Feuerwehr-MTW / ELW _____ 87
Polizei-Unfallaufnahmefahrzeug _____ 88
Großraum-Taxi _____ 89
Autotransporter / Verkaufswagen _____ 90
Kamei Club-Van / Dehler Profi GL _____ 91

Inhalt

T4: Baujahr 1996 bis 2003
Kastenwagen-Modelle _____ 92
Kombi-Modelle _____ 93
Pritschenwagen-Modelle _____ 94
Doppelkabinen-Modelle _____ 95
Caravelle _____ 96
Multivan Allstar / Classic; Multivan II _____ 98
California Coach / Exclusive _____ 100

Sonderausführungen
Caravelle Business _____ 102
Dehler Optima _____ 104
Zugkopf-Anbauten: Niederflurhub-
wagen / Wertkoffer _____ 105

Sonder-Editionen
Multivan Topstar _____ 106
California Joker _____ 107
Multivan Panamericana _____ 108
Multivan Last Edition _____ 110

T5: Modelljahr 2004 und 2005
Kastenwagen-Modelle _____ 112
Kombi-Modelle _____ 114
Shuttle _____ 116
Fahrgestell mit Einzel- / Doppelkabine _____ 117
Pritschenwagen _____ 118
Doppelkabine _____ 119
4MOTION-Ausführung _____ 120
Caravelle _____ 121
Multivan _____ 122
California mit Aufstelldach _____ 124

Beispiele für Sonderausführungen
Business _____ 126
Taxi / Unfallaufnahmewagen /
Verkaufswagen / Autotransporter _____ 127

Einführung

Der Weltmeister unter den Transportern: Neu.

Seit 1950 produziert Volkswagen schon Lieferwagen und Kleinbusse: den historischen Ur-Bulli »T1« mit der geteilten Frontscheibe siebzehn Jahre lang, dann weitere zwölf Jahre den etwas rundlicheren Nachfolger »T2« mit großem Panorama-Fenster vor dem Fahrer. Beide »Transporter«-Veteranen waren entsprechend der legendären Skizze des holländischen VW-Importeurs Ben Pon aus dem Jahre 1947 konzipiert - Fahrer vorn, Ladung in der Mitte, Motor hinten. Nach dieser plausiblen wie bewährten Grundregel fertigte Volkswagen in knapp dreißig Jahren weltweit mehr als fünf Millionen Exemplare der unterschiedlichsten Modellausführungen, und die Fachpresse kürte den T2 damals schon zum »erfolgreichsten Transporter aller Zeiten« (der auflagenstärkste seiner Gattung ist er übrigens bis zum heutigen Tage geblieben – und nebenbei: in Südamerika rollt er, mit leicht erhöhter Dachpartie, noch immer vom Band).

Eine derart effektive Tradition verpflichtet: beinahe wie selbstverständlich knüpft die im Sommer 1979 vorgestellte nächste, ungewohnt kantige und deutlich breitere dritte Generation des Volkswagen-»Transporters« an das bereits 1949 in Wolfsburg abgesegnete Frontlenker-Heckmotor-Konzept ihrer Vorläufer an – zwar wider bessere Einsicht, aber einer Not gehorchend (gibt der damalige Leiter der VW-Nutzfahrzeug-Entwicklung, Gustav Mayer, heute bedauernd zu). Der »T3« mit seinem charakteristischen horizontalen Frontgrill erbt nämlich – trotz völliger Neukonstruktion! – mangels einsatzfähiger Alternativen zwangsweise die zwar zuverlässigen und nochmals optimierten, aber letztlich doch unzeitgemäßen und vergleichsweise leistungsarmen luftgekühlten 1,6- und 2,0-Liter-Boxer-Motoren seines direkten Vorgängers.

Dass die dritte Auflage des »Typ 2« (so wird im VW-Werk von Beginn an neben der Käferlimousine, »Typ 1«, die Nutzfahrzeug-Baureihe bezeichnet) dennoch wieder ein »Ervolkswagen« wird, liegt an der für VW so typischen »Modellpflege« – eine eher bescheidene Umschreibung für permanente Detail-Verbesserung und technische Optimierung in Verbindung mit innovativer technologischer Weiterentwicklung und analysengestützter Marktanpassung. Die sich schon zum Ende des »T2« ankündigende Tendenz zur Aufwertung der »Transporter«-Familie und Orientierung an Personenwagen-Komfort (mit dem prägnanten Slogan »vom Nutzfahrzeug zur Großraum-Pkw« charakterisiert) verstärkt sich in den folgenden Jahren zunehmend.

So dauert es nicht lange, bis man in einem ersten Schritt das verfügbare Antriebsquellen-Repertoire um eine Saug-Dieselversion erweitert – ein aus der Personenwagen-Produktion übernommener, wassergekühlter 1,6-l-Reihenmotor wird, modifiziert und aus Platzgründen gekippt, längs im Motorraum an gewohnter Stelle hinter dem Getriebe eingebaut! Dieses wirtschaftliche Aggregat kommt bei den Nutzfahrzeug-Kunden offenbar gut an und wird nun bald das Ende der luftgekühlten »Typ 2«-Triebwerke einleiten: die konstruktiv aufwändige Installation von Kühler und Ventilator im Bug, mit einem Unterflur-Rohrleitungssystem für die Kühlflüssigkeit zum heckseits der Hinterachse

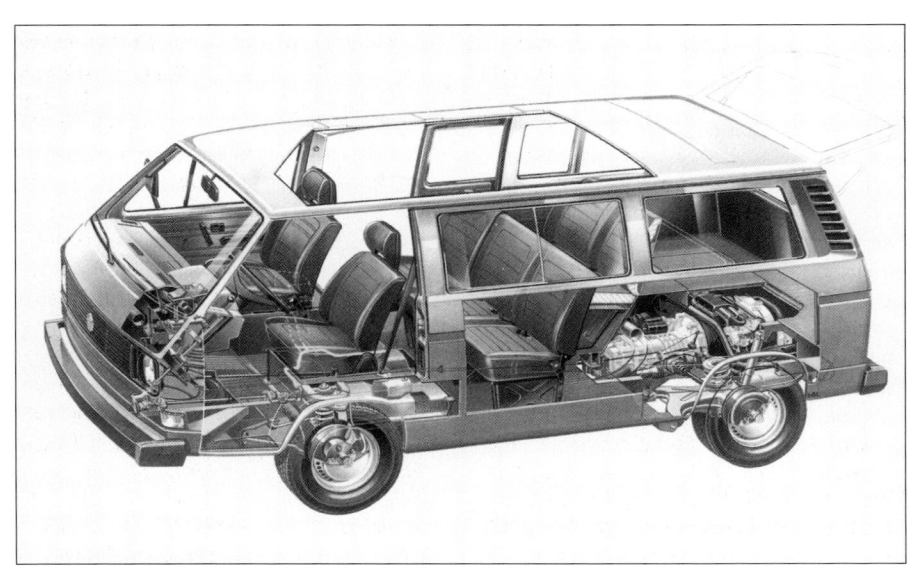

Die Tage der »Luftboxer« sind gezählt.

Vom Frontlenker zum Kurzhauber.

platzierten Motor, ist damit eindrucksvoll bewiesen.
Nach drei Modelljahren sind »Luftboxer« im Werk in Hannover nur noch Geschichte, doch ihr generelles Arbeitsprinzip bleibt auch bei den neu eingesetzten, jetzt wassergekühlten Benzin-Motoren im »T3« erhalten – die Ära der kultivierten und meist durchzugsstarken (jedoch leider nicht immer vollgasfesten) »Wasserboxer« läuft an; der dritte VW-Transporter-Klassiker ist erwachsen.
Im Jahresrhythmus geht es nun Schlag auf Schlag: 5-Gang-Getriebe, elektronisch gesteuerte Einspritz-Motoren, Katalysator, Turbo-Diesel, Allrad-Antrieb, usw.; Sonder-Editionen, noble Luxus-Ausstattungen und multifunktionale Freizeit-Varianten - der noch in den Siebzigern entwickelte »Bulli für die 80er Jahre« (dann immerhin bis 1992 zusammen mit seinem Nachfolger im Standard-Programm!) mausert sich in der zweiten Hälfte seiner Bauzeit zum hochwertigen und ausgereiften »High-Tech-Produkt« gleichermaßen wie zum komfortablen bis perfekten »Multitalent« für die Freizeit- und Familientransport-Domäne. Allerdings – im Bereich der leichten Nutzfahrzeuge für Handel, Handwerk und Industrie erweist sich der raumgreifende Antriebsblock im »T3«-Heck, verglichen mit den Wettbewerbern seiner Klasse, immer stärker als ernst zu nehmendes Problem.
Genau vierzig Jahre nach Markteinführung ist 1990 für Volkswagen Nutzfahrzeuge (wie sich inzwischen der entsprechende Unternehmensbereich im VW-Konzern nennt) das bei den Bulli-Fans mittlerweile als klassisch erachtete »Typ 2«-Frontlenker-Heckmotor-Konzept kompromisslos ausgereizt. Um für die kommerziellen Nutzer auch in Zukunft wieder an Attraktivität zu gewinnen und »das Maß aller Dinge« zu sein, wird nach nur einem guten Produktionsjahrzehnt des »T3« die nächste, aber diesmal erheblich konsequentere Wachablösung vollzogen: für die traditionelle Kundschaft kommt der Wechsel zum Kurzhauber-Frontmo-

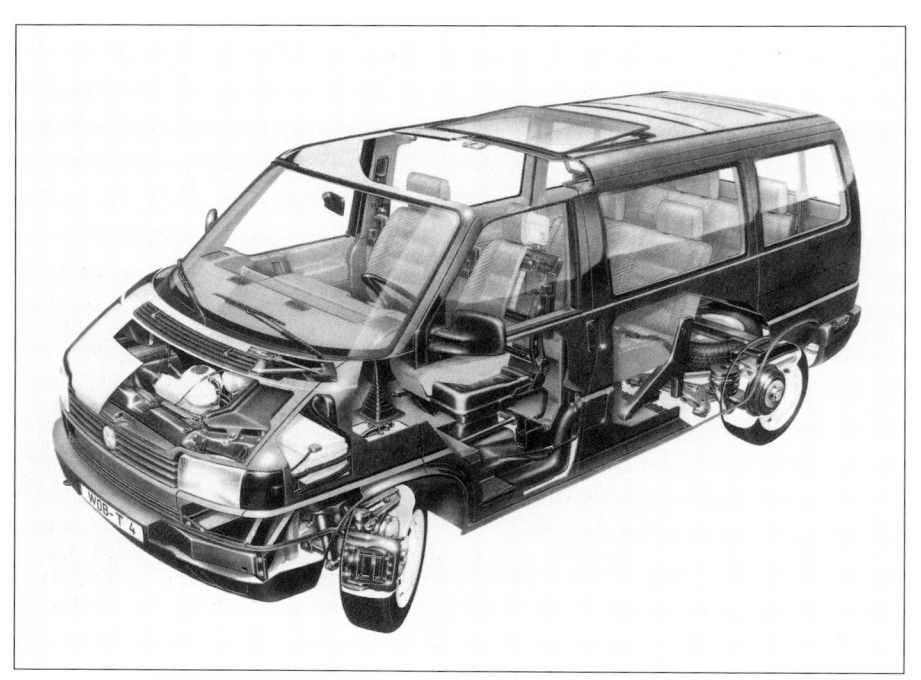

Wider die Tradition: Motor vorn.

tor-Konzept einem »Quantensprung« gleich. Karl Nachbar, Nutzfahrzeug-Chef-Entwickler bei VW, setzt anlässlich der Vorstellung dieses werksintern »T4« bezeichneten Familienmitgliedes berechtigte Hoffnungen auf das modern konstruierte Fahrzeug:
»Die neue Generation der Transporter sehe ich als so radikalen Wechsel wie einst die Ablösung des Käfers durch den Golf. Waren die einen schon gut, wurden die anderen noch erheblich besser. Der neuen Konzeption kommen gewiss 40 Jahre an Erfahrung zugute, die in dieser von der Volkswagen AG geschaffenen Fahrzeug-Kategorie gesammelt wurde. Mit frischen Ideen, fortschrittlicher und ausgefeilter Technik gelang unseren Ingenieuren ein bemerkenswerter Wurf, der im internationalen Automobilbau wieder Maßstäbe setzen wird.«
Karl Nachbar hat Recht behalten. Trotz paralleler Produktion beider Transporter-Generationen »T3« und »T4« über weitere zwei Jahre (der Abschied vom kantigen, letzten Vertreter der »urwüchsigen Bullis« fällt seiner Anhängerschaft nicht leicht!) kann auf die Dauer der gefällige Kurzhauber-Transporter dank seiner positiven Eigenschaften nicht nur verlorene Marktanteile zurück gewinnen, sondern auch Hecktriebwerk-Nostalgiker konzeptionell wie qualitativ überzeugen – der Frontmotor/-antrieb im »T4« zum Beispiel ermöglicht neben unterschiedlichen Radständen und variablen Baulängen auch Zugkopfvarianten für diverse Sonderanbauten, und an der endlich durchgehend ebenen Laderaum-Fläche erfreuen sich nicht nur die kommerziellen Nutzer. Pkw-Standard der 90er Jahre auch in den Nutzfahrzeug-Versionen, großzügiges Raumangebot, starke und zugleich sparsame Motoren, gutmütige

Straßenlage, unkompliziertes Allradkonzept, überdurchschnittliche Fahr- und Crashsicherheit: dem sprichwörtlich guten Ruf der früheren Volkswagen Transporter fügt auch »der Vierte im Bunde« wieder spezifische Akzente hinzu. Im VW-eigenen »Modellpflege«-Rhythmus bleibt er ein gutes Dutzend Jahre lang der Klassenprimus, bis ihn Juli 2003 sein evolutionäres Schicksal ereilt – getreu der auch bei Volkswagen nicht unbekannten, uralten Weisheit »das Bessre ist des Guten Feind«.
Schon Monate früher steht nämlich ein Nachfolger bereit, um das 5.Kapitel der VW-Bus-Legende zu schreiben, beziffert mit – man ahnt es schon – »T5«. Dieser neueste Generationswechsel ist angesichts der unverändert gebliebenen Frontmotor-Philosophie konzeptionell wie übrigens auch visuell weit weniger spektakulär als der letzte von 1990. Die enge Verwandtschaft zu seinem Vorläufer ist dem aktuellen »Transporter« ebenso anzusehen wie Anno 1967 die des zweiten VW-Bus-Klassikers zum »T1«: damals wurde ein vertrautes, bewährtes und erfolgreiches Fahrzeug etwas größer, komfortabler und dem Zeitgeschmack entsprechend gefälliger gestaltet – vor allem aber technisch unvergleichlich optimiert. Und in eben dieser alten, überzeugenden Bulli-Tradition positioniert sich auch der »T5«. Das heißt, er hat die guten Charakterzüge seines Vorgängers geerbt, ist darüber hinaus ein wenig korpulenter, luxuriöser und – am gegenwärtigen »Lifestyle« orientiert – bullig-dynamischer geformt. Die eigentlichen Innovationen aber, die er seinem Vorgänger voraus hat, stecken wie einst »unter dem Blech«, also in Ergonomie, Fahrwerks- und Motorentechnik.
»Mit ihm fährt der Erfolg«, behauptete die Werbung Ende der 50er Jahre kühn; keine halbe Million »Transporter« war bis dahin fabriziert. Im Herbst 2004 rollt der zehnmillionste Ur-Enkel vom Band, ein »T5-Shuttle«. Mit den tradi-

Transparentes Muskelpaket Multivan.

Auf Erfolgskurs: T-Mobile von Volkswagen.

tionellen VW-Bus-Qualitäten Zuverlässigkeit, Wirtschaftlichkeit, Wertbeständigkeit und Variabilität ausgestattet, sollte seine Generation – im ersten Modelljahr schon zum »International Van of the Year« gewählt! – die respektable Erfolgsstory der leichten Nutz- und Freizeitfahrzeuge aus Hannover auch in Zukunft fortsetzen können.

Viele Abbildungen in diesem Typenkompass sind offizielle Pressefotos oder authentische Motive aus Werbematerialien, die von verschiedenen Archiven zur Verfügung gestellt wurden: Mitarbeiter des AutoMuseum Volkswagen in Wolfsburg und die Produktpresse-Abteilung von VW-Nutzfahrzeuge haben die nicht immer einfache Bild-Recherche nach Kräften unterstützt. Gustav »Transporter-Mayer« (der berühmte »Vater« des T2, T3 und in Ansätzen T4) war so freundlich, als Zeitzeuge manches historische »Geheimnis« oder technische Rätsel aus Sicht des Fahrzeugentwicklers zu klären; auch die VW-Bus-Enthusiasten und Privatsammler Matthias Meyer aus Bensheim und Alexander Prinz aus Braunschweig konnten wieder mit einigen seltenen Text- oder Bilddokumenten aus ihrem Bestand assistieren. Allen, die mir mit Rat und Tat bei der Zusammenstellung dieses kompakten Typen-Kataloges behilflich waren, danke ich herzlich.

Michael Steinke
im Spätherbst 2004

Anmerkungen zu Typologie, Variantenvielfalt und Modellpflege

Das »T3«-Karosserie-Grundtypenprogramm Bus, Kasten, Kombi, Pritsche und Doppelkabine.

Als das Volkswagen-Werk Ende der 40er Jahre des vergangenen Jahrhunderts wieder ein ziviles Kraftfahrzeug produzierte, war das die legendäre Käfer-Limousine, schlicht »der Volkswagen«; in der werksinternen Baureihen-Bezeichnung »Typ 1« genannt. Konsequenterweise wurde die kurze Zeit später eingeführte Liefer- und Kombinationswagen-Serie zum »Typ 2« (weitere neue Heckmotor-Pkw-Modelle kamen später, in den 60er Jahren, als »Typ 3« und »Typ 4« hinzu).
Volkswagen bot den luftgekühlten Typ-1-»Käfer« offiziell bis zum Sommer 1985 – mittlerweile in Mexiko hergestellt – in Deutschland an; da war es nur natürlich, über die Generationswechsel 1967 und 1979 der ebenfalls luftgekühlten Frontlenker/Heckmotor-»Transporter« hinweg auch deren übliche Benennung »Typ 2« beizubehalten. Erst als 1990 im Werk Hannover der Bruch mit der konzeptionellen Vergangenheit vollzogen ist und das »Fahrzeug für Firma, Fracht, Familie und Freizeit« zum Frontmotor-Kurzhauber mutiert, gibt es eine konzernintern angeglichene Identifikations-Ziffer für die neue leichte Nutzfahrzeug-Baureihe: die »Transporter« erhalten das Typen-Kürzel »7«. Gleichzeitig präsentiert VW diese vierte Generation – in hoffnungsvoller Anknüpfung an die glanzvolle Tradition der früheren Bullis – öffentlich in Presse und Werbung als »T4«; eine chronologische Bezeichnungsart, die schon Mitte der 70er Jahre für den »T3« während dessen Konstruktions- und Erprobungsphase (allerdings nur von Eingeweihten im Werk und mehr oder weniger vertraulich) verwendet wird. Umgangssprachlich wie »VW-amtlich« hat sich

Modell 1980: »T3«-Gesicht mit nur einem Grill – das Erkennungszeichen der »Luftboxer«.

unter Fachleuten wie Fans seit der »T4«-Begrifflichkeit vereinfachend eingebürgert, die drei »klassischen Transporter«-Modelle ebenfalls in dieser Kurzform aufzulisten – also »T1«, »T2« und »T3«. Da ist es dann auch nur logisch, dass (im Sinne dieser Systematik durch den 2003 erfolgten Wechsel zur fünften Generation) folgerichtig der aktuelle VW-Bus ein »T5« sein muss; für die Volkswagen AG wie die internationale Bulli-Gemeinde gleichermaßen.

Ein Grund für die dauerhaft positive Resonanz aller »Transporter«-Generationen bei den Nutzfahrzeug-Kunden liegt in ihrem wesentlichen Merkmal, viele praktische Bauvarianten für die unterschiedlichsten Verwendungszwecke anzubieten; schon Anfang der 60er Jahre gab es Kasten- und Pritschenwagen in mehreren Größen, Doppelkabinen, Kombimodelle, Kleinbusvarianten, Campingausführungen und spezielle serienmäßige Sonderfahrzeuge (alle übrigens typentsprechend mit einer mit »2« beginnenden Modell-Ziffer). Das bleibt im Prinzip bis zum Ende der Siebziger so – und wird, diesmal nach Karosserie-Bauformen neu gelistet, mit dem »T3« zum Modelljahr 1980 nicht grundsätzlich anders. Hier die Typ-Kennnummern für

Modell 1983: »T3«-Front mit Frischluftgitter über Kühlluft-Grill – Attribut der »Wasserboxer« (seit 1981 schon Merkmal der Dieselmotor-Bullis).

■14

Modell 1991: sachlich schlichte »T4«-Nase.

- links gelenkte Modelle mit offener Ladefläche
  Typ »245« Pritschenwagen
  Typ »247« Doppelkabine
- links gelenkte Modelle in geschlossener Bauform

Typ »251« Kastenwagen
Typ »253« Kombi (also verglast)
Typ »255« Bus/Caravelle-Ausführung
(Rechtslenker: gerade Typ-Kennnummern)
Die gesamte, serienmäßig erhältliche Fahrzeug-Familie, die zu diesen Grundtypen gehört, ist natürlich bedeutend größer und umfasst Kasten- und Kombiwagen in zwei Dachhöhen, Pritschenwagen in zwei Aufbau-Breiten bzw. -Längen, zwei- und bis sechssitzige Doppelkabinen, unterschiedliche Kleinbusse, Mehrzweck- sowie Campingwagen. Zusätzlich zu den gewohnten Sonderausführungen für Feuerwehr und Krankentransport aber gibt es – erstmals wieder seit dem »T1«-Topmodell (und inoffiziell bei den Fans so genannten) »Samba« – eine besonders edle, sechssitzige VW-Bus-Version als »exclusive Großraum-Limousine«. Fast alle dieser zahlreichen Varianten können ab Mitte der Achtziger zudem in der (in Österreich gefertigten) neuen Allradausführung »Syncro« geliefert werden. Wem diese Typen-

»T4«-Modellvielfalt bei der Markteinführung im Herbst 1990.

vielfalt nicht genügt, bedient sich bei einem der Ein-, Auf- und Umbauhersteller, die den »T3« als Basis für spezielle Einsatzzwecke umrüsten, wie das schon für »T1« oder »T2« möglich war – oder lässt sich im VW-eigenen »Sonderfahrzeugbau« in Hannover, einer Abteilung der Kundendienstwerkstatt, Einzelstücke oder Kleinserien (z.B. Polizei- und Zollfahrzeuge, Rundfunk-Übertragungswagen etc.) fertigen

»LimousinePlus« – der neue »T5«.

Mit den neuen Motoren hat der »T4« 1996 durchaus Grund zur Freude.

– sozusagen »Transporter nach Maß«.
Wie früher von VW gewohnt, aktualisierte das Werk auch die »Transporter« üblicherweise im Jahresabstand (zum Modelljahrswechsel nach den Sommerferien) mittels seiner »Modellpflege«; qualitative Modifizierungen technischer wie auch visueller Natur trugen dabei jeweils zu einer Art stetiger Optimierung der Fahrzeuge bei. Die leicht erkennbaren, äußeren Veränderungen am »T3« betreffen vornehmlich Frontretuschen (zweiter Kühlluftgrill unter dem »Frischluftgitter« für wassergekühlte Fahrzeuge 1981/82 und rechteckige Doppel- statt runder Einfach-Scheinwerfer 1987 in Verbindung mit einem vergrößerten VW-Signet), die Montage von Leichtmetallrädern anstelle stählerner Lochfelgen sowie die modisch aufwertende Anbringung umlaufender Kunststoffblenden im Schwellerbereich zusammen mit angepassten Stoßfängern.

Der nächste Generationswechsel 1990 zum »T4« verändert die vertraute, aber im Detail eher unspektakuläre »Modellpflege« zunächst kaum (abgesehen vom immer stärker variierenden Modelljahrswechsel); ab etwa 1993 wird jedoch eine »permanente Modellpflege« eingeführt, die aufwändige qualitätsverbessernde Maßnahmen oder Produktions-Optimierungen auch mitten in laufenden Modelljahren realisiert. Innerhalb der dreizehnjährigen »T4«-Bauzeit fällt jedoch eine Umgestaltung des Vorderwagens im Frühjahr 1996 auf: um die Personentransporter aus der Familie der Nutzfahrzeuge signifikant hervorzuheben, erhalten sie u.a. ein leicht verlängertes, attraktiver gestyltes Antlitz, das so genannte »Happy Face«. Gegenüber dem »T3« – dessen Modell-Typen alle auf den Nachfolger übergingen – wird die vierte VW-Bus-Generation noch reicher an Varianten; bedingt durch die Zugkopf-Konzeption (Motor und Antrieb vorn) gibt es für die vergleichbaren Grundmodelle nicht nur zwei Baulängen, kurzer und langer Radstand, sondern es ist z.b. auch möglich, Fremdanbauten mit eigener Hinterachskonstruktion an einen »T4«-Fahrerhaus-Triebkopf anzuflanschen (neben der Option, im neuen »Service-Center Spezialausstattungen«, dem bisherigen »Sonderfahrzeugbau«, Serienprodukte individuell bedarfsgerecht ausrüsten zu lassen – oder dort das neu kreierte Premium-Konferenzmobil »Business« zu ordern).

Dies alles zusammen ergibt eine solche Fülle von Konstellationen, dass deren Typisierung einer immer komplizierteren Systematik folgt; in der Auflistung sind der Übersichtlichkeit halber daher nur die wesentlichen Grundbauformen wiedergegeben (in Klammern Änderung von 1996):

- Kurzer Radstand

Typ 70A	(7DA)	Kastenwagen
Typ 70B	(7DB)	Kombi
Typ 70C	(7DC)	Caravelle
Typ 70E	(7DE)	Pritschenwagen/ Fahrgestell

- Langer Radstand

Typ 70H	(7DH)	Kastenwagen
Typ 70J	(7DJ)	Kombi
Typ 70K	(7DK)	Caravelle
Typ 70L	(7DL)	Pritschenwagen/ Fahrgestell
Typ 70M	(7DM)	Doppelkabine/ Fahrgestell

Die Tradition der Modellvielfalt lässt auch der »T5«, 2003 auf dem Markt eingeführt, nicht abreißen – im Gegenteil. Die fünfte »Transporter«-Generation mit dem fortgeführten Typkürzel »7X« ihres Vorgängers erweitert das Verkaufsprogramm um aufgewertete Multivans, einen »Shuttle« genannten Komfort-Kombi und vor allem auch um eine zusätzliche Dachvariante, das »Mittelhochdach« – für nahezu jedes Aufgabengebiet kann einer der vielen Grundtypen, entweder als Sonderausführung oder werksintern speziell ausgestattet eine praktikable Transport- oder Einsatz-Lösung anbieten. Dabei hebt sich die ab jetzt eigenständigere »Großraum-Pkw«-Linie (Caravelle, Multivan usw.) schon von Beginn an selbstbewusst von den Nutzfahrzeugen (Kastenwagen, Kombi usw.) durch differierende Frontgestaltungs- bzw. Stoßfänger-Elemente ab. Mit Sicherheit sind das nicht die letzten Überraschungen von Volkswagen Nutzfahrzeuge – die zukünftige »Modellpflege« wird das zeigen.

Eine kompakte VW-Bus-Modellübersicht wie im vorliegenden »Typenkompass« muss sich auf die Abbildung und Skizzierung exemplarischer Grundtypen in ihren wesentlichen Ausführungen beschränken (insbesondere bei der Fülle der möglichen »Sonderausführungen« können nur einzelne Fahrzeuge beispielhaft aufgeführt werden), um überschaubar und damit noch informativ zu bleiben – daher z.B. auch der Platz sparende, tabellarisch angelegte Motoren-Überblick im Anschluss an diese Anmerkungen. Weiter gehende technische Details oder umfassende historische Darstellungen sind der einschlägigen VW-»Transporter«-Fachliteratur zu entnehmen.

Motorentabelle T3

Bauzeit	Kennbuchstabe	Kraftstoff	Bauart	Hub-raum (ccm)	BxH (mm)
5.79-12.82	CT	Benzin	4-Zylinder-Boxer, luftgekühlt	1584	85,5x69
5.79-12.82	CU	Benzin	4-Zylinder-Boxer, luftgekühlt	1970	94x71
2.81-87	CS	Diesel	4-Zylinder-Reihe, wassergekühlt	1588	76,5x86,4
10.82-92	DF	Benzin	4-Zylinder-Boxer, wassergekühlt	1913	94x69
10.82-92	DG	Benzin	4-Zylinder-Boxer, wassergekühlt	1913	94x69
10.83-7.85	GW	Super-Benzin	4-Zylinder-Boxer, wassergekühlt	1913	94x69
8.84-7.85	DH	Benzin bleifrei	4-Zylinder-Boxer, wassergekühlt, Katalysator	1913	94x69
8.84-92	DJ	Super-Benzin	4-Zylinder-Boxer, wassergekühlt	2109	94x76
12.84-92	JX	Diesel	4-Zylinder-Reihemit Turbolader, wassergekühlt	1588	76,5x86,4
8.85-92	MV	Benzin bleifrei	4-Zylinder-Boxer, wassergekühlt, Katalysator	2109	94x76
10.86-92	KY	Diesel	4-Zylinder-Reihe, wassergekühlt	1715	79,5x86,4
8.89-92	SS	Benzin bleifrei	4-Zylinder-Boxer, wassergekühlt, Katalysator	2109	94x76

Motorentabelle T4 (alle Aggregate wassergekühlt)

Bauzeit	Kennbuchstabe	Kraftstoff	Bauart	Hub-raum (ccm)	BxH (mm)
9.90-03	AAC	Benzin	4-Zylinder-Reihe, Katalysator	1968	81x95,5
9.90-6.95	1X	Diesel	4-Zylinder-Reihe	1896	79,5x75,5
9.90-3.97	AAB	Diesel	5-Zylinder-Reihe	2370	79,5x75,5
12.90-2.94 3.94-7.96	AAFACU	Benzin	5-Zylinder-Reihe, Katalysator	2461	81x95,5
1.93-03	ABL	Diesel	4-Zylinder-Reihe, TD, Oxydations-Katalysator	1896	79,5x75,5
1.96-4.00	AES	Benzin	6-Zylinder-V-Reihe, Katalysator	2792	81x90,3
1.96-5.01 5.99-5.01 6.01-03	ACVAUFAYC	Diesel	5-Zylinder-Reihe, TDI, Oxydations-Katalysator	2461	81x95,5
8.96-4.99 5.99-03	AETAPLAVT	Benzin	5-Zylinder-Reihe, Katalysator	2461	81x95,5
4.97-03	AJA	Diesel	5-Zylinder-Reihe, Oxydations-Katalysator	2370	79,5x75,5
4.98-03	AJT	Diesel	5-Zylinder-Reihe, TDI, Oxydations-Katalysator	2461	81x95,5
4.98-9.00 10.00-03	AHYAXG	Diesel	5-Zylinder-Reihe, TDI, Oxydations-Katalysator	2461	81x95,5
5.00-03	AMV	Super-Benzin	6-Zylinder-V-Motor, Katalysator	2792	81x90,3

Motorentabelle T5 (alle Aggregate wassergekühlt)

Bauzeit	Kennbuchstabe	Kraftstoff	Bauart	Hub-raum (ccm)	BxH (mm)
4.03-	AXA	Super-Benzin	4-Zylinder-Reihe, Katalysator	1984	82,5x92,8
4.03-	BDL	Super-Benzin	6-Zylinder-V-Motor, Katalysator	3189	84x95,9
4.03-	AXC	Diesel	4-Zylinder-Reihe, TDI, Oxydations-Kat.	1896	79,5x95,5
4.03-	AXB	Diesel	4-Zylinder-Reihe, TDI, Oxydations-Kat.	1896	79,5x95,5
4.03-	AXD	Diesel	5-Zylinder-Reihe, TDI, Vor- u. Haupt-Kat.	2460	81x95,5
4.03-	AXE	Diesel	5-Zylinder-Reihe, TDI, Vor- u. Haupt-Kat.	2460	81x95,5

Errata

In diesen Typenkompass haben sich einige Fehler eingeschlichen, die vor Drucklegung leider nicht mehr korrigiert werden konnten. Wie es richtig heißen muss, lesen Sie hier:

S. 18
In der T4-Tabelle lauten die korrekten Einträge in den Spalten

	Bauzeit	Kennbuchstabe
in Zeile 4:	12.90 - 2.94	AAF
in Zeile 5:	3.94 - 7.96	ACU
in Zeile 8:	1.96 - 5.01	ACV
in Zeile 9:	5.99 - 5.01	AUF
in Zeile 10:	6.01 - 03	AYC
in Zeile 11:	8.96 - 4.99	AET/APL
in Zeile 12:	5.99 - 03	AVT
in Zeile 15:	4.98 - 9.00	AHY
in Zeile 16:	10.00 - 03	AXG

S. 46
In der Tabelle muss der letzte Eintrag in der Rubrik »Typ/Modell« korrekt lauten:
255..7 Caravelle Syncro (ausgenommen Carat)
Der Eintrag in der folgenden Rubrik »Bauzeit« lautet korrekt:
Februar 1985 bis Herbst 1992

S. 51
In der Tabelle folgt auf die Zeile »Höchstgeschw.: je nach Aufbau« korrekt die Zeile »Leergewicht: je nach Aufbau«.

S. 82
Das Foto zeigt korrekt einen 93er »California Club« und nicht einen »California Tour«.

Leistung (KW/PS)	Gemisch-aufbereitung	Schalt-getriebe (Serie)	Automatik-Getriebe 3V+1R	Syncro-Getriebe 4V+G+1R
37/50 bei 4000	1 Fallstromvergaser	4V+1R	nein	-
51/70 bei 4200	2 Fallstromvergaser	4V+1R	optional	-
37/50 bei 4200	Verteiler-Einspritzpumpe	4V+1R, 5V optional	nein	nein
44/60 bei 3700	1 Fallstromvergaser	4V+1R, 5V optional	nein	nein
57/78 bei 4400	1 Fallstrom-Register-Verg.	4V+1R, (5V opt.); ab 8.89: 5V+1R	optional	optional ab 2.85
66/90 bei 4600	Digi-Jet-Einspritzanlage	5V+1R	optional	nein
61/83 bei 4800	Digi-Jet-Einspritzanlage	5V+1R	optional	nein
82/112 bei 4800	Digi-Jet-Einspritzanlage	5V+1R	optional	optional ab 8.86
51/70 bei 4500	Verteiler-Einspritzpumpe	4V+1R, 5V optional	nein	optional ab 8.86
70/95 bei 4800	Digifant-Einspritzanlage	5V+1R, bis 7.89	optional, Serie ab 8.89	optional ab 8.86
42/57 bei 4500	Verteiler-Einspritzpumpe	4V+1R, 5V optional	nein	nein
68/92 bei 4500	Digifant-Einspritzanlage	5V+1R	nein	nein

Leistung (KW/PS)	Gemisch-aufbereitung	Schalt-getriebe (Serie)	Automatik-Getriebe 4V+1R	Syncro-Ausfhrg. 5V+1R
62/84 bei 4300	Digifant-Einspritzanlage	5V+1R	nein	nein
44/60 bei 3700	Verteiler-Einspritzpumpe	5V+1R	nein	nein
57/78 bei 3700	Verteiler-Einspritzpumpe	5V+1R	optional ab 9.91	optional ab 1.93
81/110 bei 4500	Digifant-Einspritzanlage	5V+1R	optional ab 9.91	optional ab 1.93
50/68 bei 3700	Verteiler-Einspritzpumpe	5V+1R	nein	nein
103/140 bei 4500	Multi-Point-Injection	nein	Serie	nein
75/102 bei 3500	elektronische Direkt-einspritzung	5V+1R	optional	optional
85/115 bei 4500	Simos-Einspritzanlage	5V+1R	optional	optional
55/75 bei 3700	Verteiler-Einspritzpumpe	5V+1R	nein	nein
65/88 bei 3600	elektronische Direkteinspritz.	5V+1R	nein	nein
111/150 bei 4000	elektronische Direkteinspritz.	5V+1R	nein	nein
150/204 bei 6200	Multi-Point-Injection	nein	Serie	nein

Leistung (KW/PS)	Gemisch-aufbereitung	Schalt-getriebe (Serie)	Tiptronic-Automatik 6V+1R	4motion Ausfhrg. 6V+1R
85/115 bei 5200	Motronic	5V+1R	nein	nein
173/235 bei 6200	Motronic	nein	Serie	optional
63/86 bei 3500	Pumpe-Düse-Technologie	5V+1R	nein	nein
77/104 bei 3500	Pumpe-Düse-Technologie	5V+1R	nein	nein
96/130 bei 3500	Pumpe-Düse-Technologie	6V+1R	optional	optional
128/174 bei 3500	Pumpe-Düse-Technologie	6V+1R	optional	optional

T3: Modelljahr 1980 bis 1982

Kastenwagen

Der »neue Volkswagen Transporter hat mit einem Nutzfahrzeug nur soviel gemein, dass er eben höchst nützlich ist«, verheißt die VW-Werbung zur Markteinführung 1979 und hebt dabei auf dessen Qualitäten gegenüber seinem Vorgänger »T2« ab. Das verbesserte Fahrwerk mit verbreiterter Spur, verlängertem Radstand, Einzelrad-Aufhängung, Doppelquerlenkervorder-/ Schräglenkerhinterachse und ausgewogener Achslastverteilung kann es »leicht mit vielen Pkw aufnehmen«, und das ist noch nicht alles: die Karosserieabmessungen haben zugelegt, der Motorraum niedriger, die Heckklappe dafür – ebenso wie die Frontscheibe – größer geworden. Nur das Antriebskonzept hat sich nicht geändert: die luftgekühlten 4-Zylinder-Boxer (beide Versionen jetzt in Flachbauweise, mit dem Gewicht des kantigen »T3« etwas überfordert und ziemlich durstig) im Heck treiben wie ehedem die Hinterräder an. Immerhin kann VW bald einen wassergekühlten Dieselmotor nachschieben, der sich zwar wirtschaftlicher betreiben lässt, »aber auch kein Ausbund an Temperament ist.«

Die 1980er Abbildungen zeigen den »Typ 251«, luftgekühlt, mit den für das erste Modelljahr typischen, in die hinteren Eckblech-Oberteile noch eingeformten Kühllufteinlässen, und einen Dieselmotor-Kastenwagen mit zweitem Frontgrill für den Wasserkühler (Gummileisten auf den Stoßfängern, Nebelscheinwerfer, Versenkantenne, Drehfenster vorn und verchromte Radkappen sind aufpreispflichtige Mehrausstattungen).

Baureihe:	Transporter T3
Typ/Modell:	251 Kastenwagen
Bauzeit:	Mai 1979 bis Juli 1982
Motoren:	Benziner, luftgekühlt: Kennbuchstaben CT und CU; ab 1/81 Diesel, wassergekühlt: Kennbuchstabe CS
Antrieb:	Hinterräder
Getriebe:	4V + 1R
Bremsen:	Scheiben v, Trommel h
Höchstgeschw.:	110 km/h (bei 1,6-l-Motor) 127 km/h (bei 2,0-l-Motor) 122 km/h (mit Automatik)
Leergewicht:	1365–1465 kg mit Fahrer
zul. GG.:	2360–2600 kg (Benziner) 2400–2600 kg (Diesel)
Reifen:	7,00 14 8PR schlauchlos oder 185 R 14C 6PR (bei 2,0-l-Motor)
Radstand:	2460 mm
L x B x H:	4570 x 1850 x 1965 mm
Anmerkungen:	bei 2,0-l-Motor auch mit Getriebeautomatik lieferbar (dann Leergewicht plus 40 kg sowie zul. GG 2360 kg)

Kombi

»Es war unser Ehrgeiz, den neuen Transporter so zu bauen, dass man damit so gut wie jedes Transportproblem aus der Welt schaffen kann« – für den Kombi-Käufer bewahrheitet sich dieser Wink zumindest schon mal in zweierlei Hinsicht: Ohne Sitzeinrichtung im Frachtraum ersetzt der »Typ 253« vom Ladevolumen her den unverglasten Kastenwagen, und mit montierten hinteren Sitzen werden insgesamt bis zu neun Personen »angenehm wie im Personenwagen« befördert (von den üppigen Platzverhältnissen im »T3« her gesehen scheint das sogar ein wenig untertrieben). »Alles in allem also ein Auto, das für jeden Spaß und für jeden Ernst zu haben ist«, fasst die 79er Verkaufsbroschüre bestätigend zusammen, denn der VW-Kombi wird von je her wegen seiner großen Variabilität als serienmäßiges Nutzfahrzeug ebenso geschätzt wie als Grundtyp für Ausbau-Varianten.

Abgebildet ist ein 79er Vorserienwagen mit hinterer Sitzeinrichtung und Seitenwandverkleidung. Wegen der größeren Hecktür und des flachen Motorraumes (das Reserverad liegt jetzt schräg vor, der Tank direkt hinter der Vorderachse - siehe runden Tankdeckel links unterhalb der Beifahrertür) ist nur noch Platz für eine »Ölstands-Kontrollklappe« unter dem hinteren Nummernschild; der Motor selber ist durch die Hecköffnung und einen relativ großen Service-Deckel im hinteren Laderaum von oben her zugänglich.

Baureihe:	Transporter T3
Typ/Modell:	253 Kombi
Bauzeit:	Mai 1979 bis Juli 1982
Motoren:	wie Kastenwagen
Antrieb:	Hinterräder
Getriebe:	4V + 1R
Bremsen:	Scheiben v, Trommel h
Höchstgeschw.:	wie Kastenwagen
Leergewicht:	1300–1400 kg; mit hinteren Sitzbänken plus 65 kg
zul. GG.:	wie Kastenwagen
Reifen:	7,00 14 8PR schlauchlos oder 185 R 14C 6PR (bei 2,0-l-Motor)
Radstand:	2460 mm
L x B x H:	4570 x 1850 x 1960 mm
Anmerkungen:	wie Kastenwagen

Hochraum-kasten / Hoch-raumkombi

Ähnlich wie in den letzten Jahren beim »T2« ist das Grundmodell für die Hochraum-Ausführung jeweils ein Kastenwagen oder Kombi (ohne) Normaldach, das über die gesamte Länge von A- bis D-Säule von einer quer gesickten Kunststoff-Dachhaube mit Verstärkungsprofilen überspannt wird. Im »T3« aber bleibt von A- bis B-Säule das Normaldach-Blechteil über dem Fahrerhaus erhalten, was nicht nur zur Karosserie-Stabilität beiträgt, sondern an diesem Ort einen zusätzlichen, praktischen Stauraum schafft (jedoch Design und cW-Wert nicht gerade positiv beeinflusst). Diese Fahrzeuge mit dem sogenannten »Post-Hochdach« haben einen stattlichen Laderaum von 7,6 m^3 und großzügige 1,88 m Stehhöhe im Innenraum; bis zu 9 Sitze sind im Hochraum-Kombi – der dann natürlich rundum verglast ist – möglich.
Das Foto zeigt einen 1980er Hochraum-Kastenwagen mit Durchgang zwischen den beiden Fahrerhaus-Sitzen bzw. hohen Trennwandhälften zum unverkleideten Laderaum plus weiteren aufpreispflichtigen Extras.

Baureihe:	Transporter T3
Typ/Modell:	251 M516 Hochraum-Kasten; 253 M516 Hochraum-Kombi
Bauzeit:	Herbst 1979 bis Juli 1982
Motoren:	wie Kastenwagen
Antrieb:	Hinterräder
Getriebe:	4V + 1R
Bremsen:	Scheiben v, Trommel h
Höchstgeschw.:	105 km/h (bei 1,6-l-Motor) 115 km/h (bei 2,0-l-Motor) 112 km/h (mit Automatik)
Leergewicht:	1415–1515 kg mit Fahrer bzw. bei HR-Kombi m. hinteren Sitzbänken, aber ohne Fahrer
zul. GG.:	wie Kastenwagen
Reifen:	7,00 14 8PR schlauchlos oder 185 R 14C 6PR (bei 2,0-l-Motor)
Radstand:	2460 mm
L x B x H:	4570 x 1850 x 2365/ 2360 mm (HR-Kasten/HR-Kombi)
Anmerkungen:	wie Kastenwagen

Bus / Bus L

»Der Volkswagen Bus ist wie ein Zuhause auf Rädern ... die Seitenwände sind natürlich verkleidet, wie in guten Stuben so üblich«. Wird der einfache (Kombi-) Typ des Personentransporters durch Kunstlederverkleidungen an Seitenwänden und Dach und Teppichböden aufgewertet, entsteht ein Kleinbus, der – anders als bei seinen Vorläufern – endlich offiziell beim »T3« auch so heißen darf (und das durch einen Heckschriftzug stolz dem Überholer zeigt). Auf dieser seltenen Abbildung (VW warb zumeist lieber mit den L-Modellen) ist ein 1980er, neunsitziger Bus mit Kopfstützen für alle Sitzplätze zu sehen, in der Grundausstattung und mit verchromten Radkappen (die ihn äußerlich vom Kombi abheben sollen). Die in zwei Querschienen geführte Mittelsitzbank ist crashsicherer verankert als früher, die Rückenlehne der hinteren Bank vorklappbar, um zusammen mit der mit Teppich belegten Fläche über dem Motorraum einen vergrößerten Gepäckraum zu ermöglichen. »Selbstverständlich gibt es überall auch genügend Armlehnen, Haltegriffe und Halteschlaufen für den Fall, dass der Fahrer eine

Baureihe:	Transporter T3
Typ/Modell:	255 Bus Achtsitzer
Bauzeit:	Mai 1979 bis Juli 1982
Motoren:	Benziner, luftgekühlt: Kennbuchstaben CT und CU; ab 1/81 Diesel, wassergekühlt: Kennbuchstabe CS
Antrieb:	Hinterräder
Getriebe:	4V + 1R
Bremsen:	Scheiben v, Trommel h
Höchstgeschw.:	110 km/h (bei 1,6-l-Motor) 127 km/h (bei 2,0-l-Motor) 122 km/h (mit Automatik)
Leergewicht:	1410–1510 kg ohne Fahrer
zul. GG.:	2310 kg (Benziner) 2400 kg (Diesel)
Reifen:	wie Bus L
Radstand:	2460 mm
L x B x H:	4570 x 1850 x 1950 mm (Bus)
Anmerkungen:	wie Kastenwagen; Varianten 7-/9-Sitzer möglich

Pass-Straße mal in etwas forscherer Gangart heraufzieht...«, übertreibt ein Werbetexter – weniger in Bezug auf das Interieur als vielmehr

Baureihe:	Transporter T3
Typ/Modell:	255 Z03 Bus L Achtsitzer
Bauzeit:	Mai 1979 bis Juli 1982
zul. GG.:	2310 kg (Benziner)
	2400 kg (Diesel)
Reifen:	185 SR 14 reinforced
	oder 185 R 14C 6PR
L x B x H:	4600 x 1850 x 1950 mm
Anmerkungen:	Kombi L als 2-9-Sitzer mögl.; andere Daten wie Bus

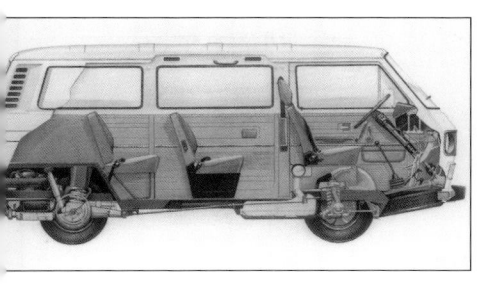

wegen der nicht berauschenden Performance dieses für die verfügbaren Triebwerke schlicht zu schweren VW-Busses. Einen »Samba-Bus« mit seitlicher Dachverglasung und »Sonnendach« gibt es schon seit einem Dutzend Jahren nicht mehr bei Volkswagen; diese Rolle (mit serienmäßigem Schiebedach!) spielte in der 2. Generation der »Clipper« nur für kurze Zeit. Seitdem heißen die luxuriöser ausgestatteten Kleinbusse einfach nur »Bus L«, auch weiterhin nach dem Generationswechsel zum »T3« (der nun aber aus zulassungsrechtlichen Gründen ebenso ein »Kombi L« sein kann). In 22 Details gegenüber der Basis-Bus-Version perfektioniert oder veredelt, stellt die Werbung eher äußerlich sichtbare Extras, die der Abgrenzung gegenüber weniger repräsentativen Konkurrenten dienen, in den Vordergrund: »Harmonische Zweifarb-Lackierung. Verchromte Stoßfänger mit praktischen Gummileisten. Dekorstreifen, die die Gürtellinie betonen. Hochglanz-Schutzgitter am Heckfenster. Eloxierte Zierrahmen in den Fenstergummis ... So braucht man sich nun wahrlich auf keinem Boulevard der Welt zu verstecken«. Dabei müssen sich die anderen, funktionaleren Mehrausstattungen ebenfalls nicht zu verbergen – Dreiecks-Ausstellfenster vorn, Rückfahrleuchten, Tankdeckelschloss, Zeituhr, Tageskilometerzähler usw. Das riesige Schiebedach übrigens gibt es auch immer noch – aber nur noch optional gegen Mehrpreis.

Caravelle

Jeder zweite in Hannover produzierte »Transporter« dient 1981 inzwischen privater und gewerblicher Personenbeförderung. »Das neue Siebensitzer-Sondermodell Caravelle trägt den Erwartungen vieler Kunden Rechnung, die sich als Topmodell für exklusives Reisen in kleinen Gruppen oder als Familiengefährt eine 1.-Klasse-Ausstattung und zur optischen Unterscheidung eine spezielle Lackierung gewünscht haben«, begründet Volkswagen die Einführung dieses in Auftritt wie Einrichtung auch L-Bus-Typen (oder vergleichbare Pkw) ausstechende »Kleinbusses der Extra-Klasse«. Äußerlich kennzeichnet den »Caravelle« – VW definiert die Geschlechtszuordnung eindeutig männlich – eine nur ihm vorbehaltene Zweifarbenlackierung mit hell abgesetztem Streifen im unteren Karosseriebereich (die hinteren Kühlluft-Öffnungen sind bei allen geschlossenen Fahrzeugversionen bereits seit Anfang 1981 zur Reduzierung der Ansauggeräusche mit schwarzen Kunststoffgittern verblendet). Im Innern fällt das körpergerecht aufgepolsterte, mit ausklappbaren Armlehnen und neuen Rahmen-Kopfstützen versehene Gestühl auf; anstelle des Kunstleders nun mit Veloursstoff bezogen. Ein ansehnliches M-Ausstattungspaket rundet den serienmäßigen Lieferumfang des »Caravelle« ab.

Baureihe:	Transporter T3
Typ/Modell:	255 Z85 Caravelle Siebensitzer
Bauzeit:	August 1981 bis Juli 1982
Motoren:	Benziner, luftgekühlt: Kennbuchstabe CU; Diesel, wassergekühlt: Kennbuchstabe CS
Antrieb:	Hinterräder
Getriebe:	4V + 1R
Bremsen:	Scheiben v, Trommel h
Höchstgeschw.:	110 km/h (bei Diesel-Motor) 127 km/h (bei Benzin-Mot.) 122 km/h (mit Automatik)
Leergewicht:	1440/1510 kg ohne Fhr.
zul. GG.:	2310 kg (Benziner) 2400 kg (Diesel)
Reifen:	185 SR 14 reinforced
Radstand:	2460 mm
L x B x H:	4600 x 1850 x 1950 mm
Anmerkungen	wie Kastenwagen; Variante 8-Sitzer möglich

Pritschenwagen

Die Pick-Up-Variante der leichten Nutzfahrzeuge bei VW ist seit 1952 der »Pritschenwagen«, ein dreisitziger Klein-Lkw mit offener Ladefläche (oder in wetterfester Plane/Spriegel-Version) für sperriges oder voluminöses Transportgut, wie es in Handwerker-Branchen, Kommunal- oder Gärtnereibetrieben vorkommt. Die von drei klappbaren Stahlbordwänden (und der Rückseite des Fahrerhauses) eingefasste, durchgehend ebene und jetzt 4,7 m² große Ladefläche hatte von Beginn an Rampenhöhe; der Motor ist auch beim »T3« durch die gewohnt breite Serviceklappe (halbwegs passabel) erreichbar. »Für so beliebte Gegenstände wie Werkzeug, Bohrmaschine u.ä. gibt es unter der Ladefläche noch einen extra Tresorraum mit einem knappen Kubikmeter Inhalt. Er ist abschließbar und von beiden Seiten zugänglich«, beschreibt der 81er Verkaufsprospekt nicht ganz falsch: eine zweite Tresorraumklappe ist (wie auch Schmutzfänger und Stoßfänger-Gummileisten auf der Abbildung) kostenpflichtige M-Ausstattung. Typisch für die ersten drei Baujahre der »Pritschenwagen« der 3.Generation sind die je neun Kühlluftschlitze über den hinteren Radkästen.

Baureihe:	Transporter T3
Typ/Modell:	245 0 Pritschenwagen
Bauzeit:	Mai 1979 bis Juli 1982
Motoren:	Benziner, luftgekühlt: Kennbuchstaben CT und CU; ab 1/81 Diesel, wassergekühlt: Kennbuchstabe CS
Antrieb:	Hinterräder
Getriebe:	4V + 1R
Bremsen:	Scheiben v, Trommel h
Höchstgeschw.:	ohne Plane/Spriegel
Bremsen:	110 km/h (bei 1,6-l-Motor) 127 km/h (bei 2,0-l-Motor) 122 km/h (mit Automatik)
Leergewicht:	1365–1465 kg mit Fahrer
zul. GG.:	2360–2600 kg (Benziner) 2400–2600 kg (Diesel)
Reifen:	7,00 14 8PR schlauchlos oder; 185 R 14C 6PR (bei 2,0-l-Motor)
Radstand:	2460 mm
L x B x H:	4570 x 1870 x 1930 mm, Höhe mit Plane 2235 mm
Ladefläche:	2730 x 1735 mm
Anmerkungen:	wie Kastenwagen; zul. GG dann 2360 kg

Großraum-Pritschenwagen

Auch die dreisitzige »Großraum-Holzpritsche« ist ein alter Bekannter – seit Herbst 1958 im offiziellen VW-Verkaufsprogramm bei all denen beliebt, die einen durchgehend glatten, widerstandsfähigen Holz-Ladeboden bevorzugen oder die eine breitere Transportfläche benötigen (beim »T3« ist diese Fläche sogar auf 5,3 m² vergrößert). Über 20 Jahre schon stellen die Westfalia-Werke in Wiedenbrück den (stets nummerierten!) robusten Holzpritschen-Aufbau her, der dann einfach auf einen normalen, bordwandlosen »Pritschenwagen« aufgeschraubt wird; dadurch bleibt die serienmäßige Tresorraum-Funktion im Trägerfahrzeug erhalten.

Baureihe:	Transporter T3
Typ/Modell:	245 1 Großraum-Holzpritsche
Bauzeit:	Mai 1979 bis Juli 1982
Leergewicht :	1460–1515 kg mit Fahrer
zul. GG.:	2360–2600 kg (Benziner) 2400–2600 kg (Diesel)
L x B x H:	4570 x 2000 x 1930 mm, Höhe mit Plane 2235 mm
Ladefläche:	2820 x 1895 mm
Anmerkungen:	andere Daten wie Pritschenwagen

Wegen ihrer ausladenden Breite (und vor allem bei einem optionalen Plane/Spiegel-Aufbau) braucht die »Großraum-Holzpritsche« veränderte, weiter außen ansetzende Rückspiegel; die fahrerseitige, zweite Tresorklappe unter der Ladefläche gibt es ebenso wie Antenne und Stoßfänger-Gummileisten nur auf besondere Bestellung.

Doppelkabine

»Bei der Doppelkabine haben Sie die Handwerker und ihr Zeug zusammen: vorn im Fahrerhaus zwei bequeme Einzelsitze und im Kabinenteil eine dreisitzige Bank. Dahinter über drei Quadratmeter Ladefläche, die sie mit Plane und Spriegel auf rund vier Kubikmeter Laderaum aufstocken können«, fasst eine VW-Werbebroschüre die wesentlichen Qualitäten der »Doppelkabine« zusammen. Sogar ein kleiner Tresorraum unter dem Laderaumboden ist noch vorhanden – für wertvolle Gerätschaften, die man nicht für jedermann sichtbar herum liegen lassen will. Bautrupps mögen diesen vom »Pritschenwagen« abgeleiteten Fahrzeugtyp, der bis zu sechs Sitzplätze haben kann; in der (eher seltenen) Grundversion hat die »Doppelkabine« der dritten Generation nur die beiden Einzelsitze vorn und dazwischen einen Durchgang zum ca. 85 cm schmalen, fahrzeugbreiten Laderaum in der hinteren Kabine.

Baureihe:	Transporter T3
Typ/Modell:	247 0 Doppelkabine, zweisitzig; 247 3 Doppelkabine, fünfsitzig
Leergewicht:	1450–1550 kg mit Fahrer
zul. GG.:	2360–2600 kg (Benziner) 2400–2600 kg (Diesel)
L x B x H:	4570 x 1870 x 1925 mm, Höhe mit Plane 2230 mm
Ladefläche:	1880 x 1735 mm
Anmerkungen:	andere Daten wie Pritschenwagen

Krankenwagen + Feuerwehr-Kommandowagen

Die Standard-Einrichtung des nun schon seit 1951 in einer Sonderabteilung bei VW gefertigten KTW hat sich über die drei VW-Bus-Generationen nicht verändert: eine Krankentrage linksseitig im Heck mit rechts daneben aufgestelltem Begleitsitz vor dem Motorraum (klappbar, um darüber alternativ eine zweite Trage zu montieren); vor der Trage quer zur Fahrtrichtung ein Kranken-Tragesessel sowie ein weiterer, rückwärts gerichteter Klappsitz. Auf dem Grundtyp »Kombi« aufbauend, hat der elfenbeinfarbene »Krankentransportwagen« neben mattierten Fenstern um den Transportraum und einer Trennwand mit Schiebefenster nach vorn zum Fahrerhaus hin einen elektrischen Dachlüfter, ein automatisches Trittbrett und optional mit M160 eine »Rundumkennleuchte mit Doppeltonwarnanlage«.

Serienmäßige »Kombis« in Farbgebung RAL 3000 (feuerrot) sind z.B. beim »Sonderfahrzeugbau« der Kundendienstwerkstatt in Hannover die Grundtypen für »Feuerwehr-Kommandowagen« (oder auch Mannschaftstransportwagen/Mehrzweck-Kfz etc.). Mit umgedrehter Mittelsitzbank, Seitenwand-Klapptisch links mit Transistorleuchte darüber und weiterer DIN-Spezialausstattung unterscheiden sich diese Fw-Einsatzfahrzeuge von ihren zivilen Brüdern äußerlich vor allen durch weiß lackierte Stoßfänger, einen feuerrot durchgefärbten Scheinwerfergrill und natürlich durch die Sondersignalanlage.

Baureihe:	Transporter T3 Sonderausführungen
Typ/Modell:	253 6 Krankentransportwagen
Bauzeit:	August 1979 bis Juli 1982
Leergewicht :	1650–1750 kg mit Fahrer
zul. GG.:	2300 kg
L x B x H :	4570 x 1850 x 2215 mm mit Sondersignalanlage
Anmerkungen:	andere Daten wie Kastenwagen

Baureihe:	Transporter T3 Sonderausführungen
Typ/Modell:	253 5 Feuerwehr-Kdo-Wagen
Bauzeit:	August 1979 bis Juli 1982
Leergewicht :	1450–1550 kg mit Fahrer
zul. GG.:	2360 bis 2400 kg
L x B x H :	4570 x 1850 x 2225 mm mit Sondersignalanlage
Anmerkungen:	andere Daten wie Kastenwagen

Taxi + Verkehrs-unfall-Aufnahme-wagen

Baureihe:	Transporter T3 Sonderausführungen
Typ/Modell:	255 Z53 Großraum-Taxi 253 5 Kombi als Unfall-Aufnahmewagen
Bauzeit:	Mai 1979 bis Juli 1982
Leergewicht:	je nach Ausführung ca. 1450–1550 kg
L x B x H:	
mit Taxi-Schild:	4600 x 1850 x 2060 mm
mit Blaulicht:	4570 x 1850 x 2225 mm
Anmerkungen:	andere Daten entsprechend Bus L oder Kombi

Weitere Beispiele für Sonderausführungen, die das VW-Werk in eigener Regie für Gewerbetreibende oder Behörden in größerer Stückzahl baugleich oder ähnlich anfertigt, sind »Großraum-Taxis« oder auch unterschiedliche »T3«-Polizeifahrzeuge; sie stehen hier exemplarisch für das zunehmende Angebot der werkseigenen Spezialausrüstungen (neben dem der externen Aufbauhersteller auf den folgenden beiden Seiten).
Das »Großraum-Taxi« basiert auf elfenbeinfarbenen Kleinbus-Grundtypen; hier auf dem 82er »Bus L«-Siebensitzer mit automatischem Trittbrett, Taxi-Kennschild und Warnblink-Dachleuchten hinten. Die abgebildete klappbare Teleskopantenne wie die montierten Kunststoff-Radzierdeckel entsprechen nicht dem normalen Auslieferungszustand.
Der »Unfall-Aufnahmewagen« aus dem Jahre 1981 in bundeseinheitlich grünweißer Farbgebung hat als Grundmodell den Achtsitzer-»Kombi« mit halbhoher Trennwand in der Sitzvariante 2-3-3, wobei Motor- und Fahrerraum durch Netze separiert, die mittlere Sitzbank rückwärts gerichtet eingebaut und ein Klapptisch an der linken Seitenwand zwischen den Sitzbänken angebracht sind. An der geöffneten Beifahrertür ist die »Waffenbox« für eine MPi zu sehen, auf dem Dach zwei Warnblinker und eine kombinierte Blaulicht-/Tonfolge-/Lautsprecher-Anlage (Hella RTK 3).

Hubsteiger / Verkaufswagen (Aufbau)

»Wenn Sie zu den Leuten gehören, die schnell nach oben oder sich quer legen wollen, dann ist der Ruthmann-Steiger das richtige Arbeitsgerät für Sie«, empfiehlt VW die seit rund 20 Jahren in Gescher auf dem »Pritschenwagen« aufgebaute hydraulische Hubarbeitsbühne. In mehreren Versionen verfügbar (das Beispiel hat eine Arbeitshöhe von knapp 11 m), kann der Aufbau in kurzer Zeit abgesetzt und gegen normale Ladebordwände getauscht werden. Diese »Transporter-Sonderausführung« steht hier beispielhaft für viele Zurüst-Kleinserien von Fremdherstellern.

Ein völlig anderes, ganz spezielles Beispiel für »Sonderausführungen« der dritten VW-Bus-Generation ist das Verkaufsmobil von Borco-Höhns in Rotenburg/Wümme: erstmals wird hier (abgesehen von früheren, extrem seltenen Reisemobilen auf »T2«) auf ein »Kastenwagen«-fahrgestell mit rückwärts offenem Fahrerhaus ein serienmäßiger, isolierter Koffer-Aufbau aus kunststoffbeplankten Leichtstahl-Hohlprofilen gesetzt. Der containerartige Aufbau mit großer seitlicher Verkaufs- und hinterer Ladeklappe ist dabei fest mit der Fahrerkabine verbunden; über eine Schiebetür vom Fahrerhaus her kann das Personal den je nach Branche unterschiedlich ausgestatteten Verkaufsraum betreten und bei geöffneter Verkaufsklappe die darunter stehenden Kunden bedienen. Zu erwähnen sind noch die versetzten Kühlluft-Ansaugschlitze und die Signalklingel an der Verkaufskofferfront.

Baureihe:	Transporter T3 Sonderausführungen
Typ/Modell:	245 Pritschenwagen mit Ruthmann Hubsteiger V 90
Bauzeit:	Mai 1979 bis Juli 1982
Leergewicht:	je nach Ausführung ca. 2200–2300 kg
zul. GG.:	2360–2600 kg (Benziner) 2400–2600 kg (Diesel)
L x B x H:	5420 x 2320 x 3330 mm
Anmerkungen:	andere Daten wie Pritschenwg., Höchstgeschwindigkeit je nach Ausführung 95 bis 112 km/h

Baureihe:	Transporter T3 Sonderausführungen
Typ/Modell:	251 0 Kastenwagen mit Verkaufswagen-Aufbau
Bauzeit:	Mai 1979 bis Juli 1982
Leergewicht:	je nach Ausführung ca. 1400–1700 kg
zul. GG.:	2360–2600 kg (Benziner) 2400–2600 kg (Diesel)
L x B x H:	4570 x 2100 x 2400 mm
Anmerkungen:	andere Daten wie Kastenwg., Höchstgeschwindigkeit je nach Motortyp 100 bis 117 km/h

Dehler Profi

»Avantgardistisch ist das Design des Modells Profi von Dehler Yachtbau auf dem Volkswagen Transporter«, preist die VW-Öffentlichkeitsarbeit zur IAA 1981 so hölzern wie unfreiwillig komisch das elegante Kleinserien-Vielzweckmobil aus Meschede im Sauerland, »wer den Dehler Profi sein eigen nennt, kann sich in Sachen Motorisierung uneingeschränkt als Profi fühlen«. Die Abbildung zeigt den »Dehler Profi« bei der Pressevorstellung im Herbst 1981; als sechssitziges Fahrzeug für private wie geschäftliche Verwendung bietet es Komfort für kleine Konferenz-Ausflüge, für Kurzreisen mit Übernachtungen von Eltern mit zwei Kindern und steht als bequemer »Luxus-Großraum-Pkw« mit praktischem Nutzen zur Verfügung: das aerodynamisch geformte Äußere mit modischen Kunststoff-Fensterblenden und Schutzbeplankung rundum verbirgt in seinem Innern Einhängetisch, Kühlbox, Gasherd, Waschschrank (mit Mini-Duschfläche), Stauelemente und – einen Fernseher! Die Radzierblenden jedoch sind Geschmackssache ...

Baureihe:	Transporter T3 Sonderausführungen
Typ/Modell:	253 S 726 Dehler Profi
Bauzeit:	Ende 1981 bis Juli 1982
Leergewicht :	ca. 1750 bis 1850 kg
zul. GG.:	2360 kg (Benziner) 2400 kg (Diesel)
L x B x H:	4610 x 1850 x 2365 mm
Anmerkungen:	Stehhöhe innen 1,92 m, Flach- u. Hubdachoptionen möglich; andere Daten wie Caravelle

Campingwagen »Joker«

In mehr als zwei Jahrzehnten haben die Westfalia-Werke in Wiedenbrück bereits (unter dem VW-eigenen Begriff »Campingwagen«) über 200.000 Bullis zum Reisemobil ausgebaut, da wird der »T3«-Camper 1979 unter einem attraktiveren und vor allem einprägsamen Namen angeboten: »Viele Trümpfe auf einer Hand – der Joker«. Konzeptionell auf der »Berlin«-Wohneinrichtung des Vorgängers basierend (»Joker« 1, 3 und 5 mit schmalem Doppelbett und größerem Küchenblock, »Joker« 2, 4 und 6 mit breiter Schlafsitzbank, Seitensitz und kleinerer Küche), wird er ebenfalls nach kurzer Zeit auch hinsichtlich der möglichen Dachvarianten weiter entwickelt – neben dem prinzipiell bekannten Aufstelldach mit Gepäckwanne vorn kann man ein festes (Stufen-)Hochdach ordern oder, bei Nachrüstung, ein gestuftes Aufstelldach erhalten. Das kleine Westfalia-»Hub-

Baureihe:	Transporter T3 Sonderausführungen
Typ/Modell:	253 9 Campingwagen »Joker 1+2« (ab 8/79) 253 0 Campingwagen »Joker 3+4« (ab 2/80), »Joker 5+6« (ab 9/80)
Bauzeit:	August 1979 bis Juli 1982
Leergewicht :	1610–1710 mit Aufstelldach, 1670–1770 mit Hochdach
zul. GG.:	2310 kg (Benziner) 2400 kg (Diesel)
L x B x H: bei Aufstelldach ab 8/79:	4570 x 1850 x 2050 mm
bei Hochdach ab 2/80:	4570 x 1850 x 2600 mm
Nachrüst-Aufstelldach ab 9/80:	4570 x 1850 x 2220 mm
Anmerkungen:	»Joker« 1+3+5 viersitzig, »Joker« 2+4+6 fünfsitzig; andere Daten wie »Kombi«

dach« der früheren VW-Bus-Camper gibt es nicht mehr, dafür aber ist das beliebte »Mosaik«-System erhalten geblieben: zur Eigenmontage oder für individuelle Neuausstattung werden preiswerte und passgenau einbaufertige Möbeleinrichtungsteile angeboten – natürlich in der mittlerweile weltbekannten »Westfalia-Qualität«.

Das Grundmodell für die crashgetesteten »Joker«-Ausbauten ist der von VW speziell vorbereitete »Kombi«, der in Wiedenbrück seine Einbauten und die bestellte Kunststoff-Dachvariante erhält (alle »Joker«-Dächer sind obligatorisch mit einem klapp- bzw. verschiebbaren Doppelbett ausgerüstet). Wie auf den Fotos zu sehen, hat das »Aufstelldach mit Gepäckwanne vorn« einen regendichten Zeltstoff-Faltenbalg mit großer, verschließbarer Moskitonetz-Öffnung vorn, während das (wintertaugliche, im Design aber durchaus strittige) feste »Hochdach« ein starres, doppelt verglastes Fenster mit Verdunkelungs-Gardine aufweist. Aufgeklebte modische Seitenapplikationen mit »Joker«-Schriftzügen auf den Fahrerhaustüren sollen dem »Heim auf Rädern« reizvolle Akzente verleihen und es unverwechselbar machen.

Mit dem neuen »T3«-Campingbus fährt ein Stück amerikanische Lebensart auf den Straßen: »Der Joker ist ein Fahrzeug, das nicht auf die Freizeit wartet, um Vergnügen zu bereiten. Es macht genau soviel Spaß, mit ihm täglich zur Arbeit zu fahren, die Kinder zur Schule zu bringen, mit Freunden und Bekannten zum Surfen oder Angeln zu fahren oder einzukaufen...«. So entwickelt sich ein kompaktes Reisemobil zum Fahrzeug für Geschäft und Hobby – zum »Auto für alle Tage«.

T3: Modelljahr 1983 bis 1992

Kastenwagen / Hochraumkasten

Ein paar Wochen nach dem Modelljahrswechsel 82/83 geht eine Ära zu Ende: das serienmäßige Angebot der luftgekühlten »Transporter«-Motoren läuft aus. Dafür stehen ab Herbst 82 (neben dem weiter erhältlichen Saugdiesel) neue, endlich leistungsstarke und wirtschaftliche »Wasserboxer« zur Verfügung; leiser, zugkräftiger und mit deutlich verbesserter Heizleistung. Diese Motoren werden im nächsten Produktions-Jahrzehnt ständig optimiert; Volkswagen setzt den »Modellpflege«-Schwerpunkt auf technische Weiterentwicklung und Detailverbesserung – die minimalen Karosserieänderungen erschließen sich erst auf den zweiten Blick: So wird zum Modelljahr 85 die Schiebetürgriffmulde wegen modifizierter Verriegelungsmechanik kleiner, wie auf dem Bild mit dem 86er Hochraumkasten ersichtlich. Wie bei allen »Transportern« (mit Ausnahme der Kleinbus- bzw. Pkw-Modelle) sind die Radzierdeckel serienmäßig silbergrau lackiert; M181, Chromradkappen, sind daher ebenso aufpreispflichtig wie M515, erhöhte Schiebetür (erhältlich ab Modelljahr 84), und M561, Ausstellfenster in den Fahrerhaustüren oder S795, zusätzliche Schiebetür links.
Im Laufe der Zeit mit modernisierten »Volkswagen«-Schriftzügen, vergrößerten VW-Zeichen vorn und hinten bis November 1990 in Hannover-Stöcken (parallel zur Nachfolger-Generation »T4«) hergestellt, endet die Produktion der »T3«-Kastenwagen-Versionen schließlich in Graz im Herbst 1992.

Baureihe:	Transporter T3
Typ/Modell:	251 Kastenwagen
	251 M516 Hochraum-Kasten
Bauzeit:	August 1982 bis 1992
Motoren:	siehe T3-Tabellen S.17–19
Antrieb:	Hinterräder
Getriebe:	4V + 1R
Bremsen:	Scheiben v, Trommel h
Höchstgeschw.:	Benziner 110–150 km/h
	Diesel 110–127 km/h
	HR-Kasten ca. 5 km/h weniger
Leergewicht:	Benziner 1395 kg mit Fahrer,
	Diesel 1465 kg mit Fahrer
	HR-Kasten plus 50 kg
zul. GG.:	2390–2600 kg (Benziner)
	2400–2600 kg (Diesel)
Reifen:	185 R 14C 6PR
Radstand:	2460 mm
L x B x H:	4570 x 1850 x 1965/ 2365 mm (Kastenwg./HR-Kasten)
Anmerkungen:	Automatik- und Fünfgang-Schaltgetriebe optional; Allradantrieb ab 2/85

Kombi / Hochraumkombi

»Der Kombi ist die wirtschaftlichste Lösung, um kostengünstig zu fahren ... die Sitzeinrichtung ist so variabel, dass Sie dieses Fahrzeug täglich seinen Anforderungen anpassen können«, weiß die VW-Prospektwerbung: hintere Dreier-Sitzbänke 'raus, Ladung 'rein – oder eben wieder Sitze 'rein, weil bis zu acht Mitfahrer befördert werden müssen. Dabei ist das serienmäßige Interieur des Transportraumes eher spartanisch (Hartfaser-Verkleidungen, Kunstleder-Bänke); immerhin muss im Winter keiner mehr frösteln, die Heizung hat mit wassergekühlten Motoren einfach mehr Kraft. Die »Kastenwagen«-Optionen sind auch für den »Kombi« verfügbar: z.B. verschiedene Fahrerhaus-Abtrennungen (komplett, halbhoch, geteilt oder keine) und natürlich das rund 2 m³ zusätzliches Ladevolumen sowie Stehhöhe schaffende Hochdach (mit Ablage über dem Fahrerhaus).

Baureihe:	Transporter T3
Typ/Modell:	253 Kombi
	253 M516 Hochraum-Kombi
Bauzeit:	August 1982 bis 1992
Leergewicht :	Benziner 1395 kg ohne Fahrer, Diesel 1465 kg ohne Fahrer, HR-Kombi plus 50 kg
	4570 x 1850 x 1960/2360
L x B x H:	mm
	(Kombi/HR-Kombi)
	Leergewicht inkl. kompletter
Anmerkungen:	Achtsitzer-Bestuhlung; andere Daten wie Kastenwagen

Die Abbildung zeigt zwei »Kombis« vom Sommer 1987 in der jeweiligen Grundausstattung – einmal »mediumblau« lackiert mit Normal-, daneben in »marsalarot« mit Hochdach; beide bereit für Personen- oder Gütertransport (oder für ganz spezielle Sonderausbauten).

Pritschenwagen / Großraum-Pritschenwagen

Mit den modernen wassergekühlten Motoren ist der zweite Frontgrill auch bei allen »Pritschenwagen« obligatorisch (dafür gibt es aber seitlich über den hinteren Radkästen nur noch je drei Schlitze im Blech zum Ansaugen der Verbrennungs-Frischluft). Um die Zugänglichkeit zu den mit ihren Anbauteilen voluminöseren neuen Triebwerken zu erleichtern – bisher kam man nur über die große Service-Klappe im »T3«-Heck an die Aggregate – erhält der Pritschenboden direkt über dem Motorraum zusätzlich noch einen aufgeschraubten Wartungsdeckel, der in seiner Höhe beim »Typ 245 0« den die gewellte Metall-Plattform schützenden Hartholzleisten angepasst, beim »Typ 245 1« in den Holzboden der vergrößerten Ladefläche eingelassen ist.

Neben Plane und Spriegel für beide Nutzfahrzeuge (und natürlich den für alle »Transporter« optionalen Mehrausstattungen) kann die Kundendienst-Werkstatt in Hannover ansonsten serienmäßige »Pritschenwagen« auf besonderen Wunsch auch mit zusätzlicher Ausrüstung versehen: z.B. mit einem HIAB-770-kg-Hebekraft-Ladekran (auf dem Foto in Fahrstellung; die Stützfüße sind noch nicht ausgefahren) oder bei Bedarf auch mit allerlei schmückenden Streifen-Applikationen …

Baureihe:	Transporter T3
Typ/Modell:	245 0 Pritschenwagen 245 1 Großraum-Pritschenwagen
Bauzeit:	August 1982 bis 1992
Motoren:	siehe T3-Tabellen S. 18–19 (ohne Motor-Kennbuchstaben GW u. DH)
Höchstgeschw.:	Benziner 110–147 km/h Diesel 110–124 km/h, mit Plane ca.5 km/h weniger
Leergewicht:	Benziner 1395 kg mit Fahrer Diesel 1465 kg mit Fahrer (GR-Pritsche plus 95 kg) mit Plane/Spriegel plus 35 kg
zul. GG.:	2390–2600 kg (Benziner) 2400–2600 kg (Diesel)
L x B x H:	4570 x 1870/2000 x 1930 mm, (Pritschenwg./GR-Pritsche), Höhe mit Plane 2235 mm
Ladefläche:	Pritschenwg. 2730 x 1735 mm, Gr.-Pritsche 2820 x 1895 mm
Anmerkungen:	Fahrerhaus dreiplätzig andere Daten wie Kastenwagen

Mehr Nutzwert hat der jetzt grundsätzlich von links und rechts erreichbare »Tresorraum«: VW spendiert im Rahmen der 83er »Modellpflege« den offenen »Transportern« zwei verschließbare Seitenklappen.

Doppelkabine

Gedacht für Handwerks- und Kommunalbereich – überall da, wo jeweils bis zu sechs Personen und Geräte oder Material zugleich befördert werden müssen, bietet die »Doppelkabine« seit mehreren Jahrzehnten eine ökonomische Lösung. Beim Grundtyp ist sie fünfplätzig: Fahrer und Beifahrer haben zwei Einzelsitze vorn (mit dem praktischen Mitteldurchgang dazwischen); in der rückwärtigen Kabine verschließt das Sitzpolster der Dreierbank einen kleinen Stauraum. Natürlich ist auch eine Doppelsitzbank – wie abgebildet mit Kopfstützen – für zwei Beifahrer im Fahrerhaus wählbar, um einen weiteren Mitarbeiter mitnehmen zu können; andere nützliche »T3«-Mehrausstattungen sind z.B. eine linksseitige, zusätzliche Kabinentür hinten oder ein Allwetter-Verdeck über der offenen Ladefläche (und damit auch über dem neuen Motorwartungsdeckel). Der unter der Ladeplattform, zwischen Motor-Getriebe-Einheit und Personenkabine liegende, abschließbare »Tresorraum« ist ab Herbst 1982 ohne Mehrpreis beidseitig zugänglich.

Baureihe:	Transporter T3
Typ/Modell:	247 0 Doppelkabine, 2-Sitzer, 247 3 Doppelkabine, 5-Sitzer
Bauzeit:	August 1982 bis 1992
Höchstgeschw.:	Benziner 110–150 km/h, Diesel 110–127 km/h; mit Plane ca. 5 km/h weniger
Leergewicht :	Benziner 1480 kg mit Fahrer Diesel 1550 kg mit Fahrer, mit Plane/Spriegel plus 25 kg
zul. GG.:	2390–2600 kg (Benziner) 2400–2600 kg (Diesel)
L x B x H:	4570 x 1870 x 1925 mm, Höhe mit Plane 2230 mm
Ladefläche:	1880 x 1735 mm
Anmerkungen:	andere Daten wie Pritschenwagen

Bus/Caravelle C, CL und GL

Der sprichwörtliche »VW-Bus« ist nicht immer einfach zu definieren – es gibt ihn in zu vielen Varianten (und umgangssprachlich wird dieser Typ-Begriff oft vereinfachend auf alle »Transporter«, ob offen oder geschlossen, ob mit oder ohne Fenster etc., übertragen). Im Werks-Vokabular von Volkswagen entwickelt sich der »VW-Bus« – gerade im Vergleich zum kostengünstig, das heißt: recht elementar und damit bescheiden ausgestatteten Arbeitspferd »Kombi« – Anfang der 80er Jahre mit dem »T3« mehr und mehr in Richtung (Großraum-)Personenwagen.

Dies zeigt sich nicht allein in der zunehmend auf die entsprechende Zielgruppe zugeschnittene Möblierungs-, Zutaten- und Exterieur-Veredelung (und damit beginnender Abgrenzung von der klassischen Nutzfahrzeug-Sparte), sondern nach pragmatischer Neuordnung auch in einem bewussten begrifflichen Ranking der bekannten Personentransporter: über dem zwar obendrein in Hochraum-Version verfügbaren, funktional aber schlichten »Kombi« firmieren nun alle besseren »Volkswagen-Bus«-Ausführungen ab Modelljahr 1984 unter der Klassenbezeichnung »Caravelle«.

Baureihe:	Transporter T3
Typ/Modell:	255 Bus / Caravelle C (Achtsitzer)
	255 Bus L / Caravelle CL (Sieben- oder Achtsitzer)
	255 Caravelle / Caravelle GL, (Sieben- oder Achtsitzer)
Bauzeit:	August 1982 bis 1992
Motoren:	siehe T3-Tabellen S. 18–19
Leergewicht:	Benziner 1410–1570 kg
	Diesel 1510–1580 kg
zul. GG.:	2310–2600 kg (Benziner)
	2360–2390 (nur Caravelle GL), 2400-2600 kg (Diesel)
Reifen:	185 SR 14 reinforced
	185 R 14 C 6PR
	205/70 R 14 reinforced
	(je nach Ausführung und Motor)
L x B x H:	4570 x 1850 x 1950 mm (Bus und Caravelle C)
	4600 x 1850 x 1950 mm (alle L- und GL-Ausführungen mit Stoßfänger-Gummileisten)
Anmerkungen:	andere Daten wie Kastenwagen

In der Achtsitzer-Grundvariante »Caravelle C« ist der »T3« serienmäßig nur einfarbig lackiert wie der »Kombi«, besitzt aber u.a. innen eine höher wertige Seiten- und Dachverkleidung aus Kunstleder und ist von jenem zudem durch Chromradkappen und einem silberfarbig umrandeten Frischluftgrill zu unterscheiden (abgebildet ist ein 83er Neunsitzer mit M229, »Rahmenkopfstützen im Fahrgastraum«).
Eine Stufe höher tritt der sieben- oder achtsitzige »Caravelle CL« an; von Hause aus zweifarbig wie der Vorgänger »Bus L«, hat er im Grunde dessen Erscheinungsform mit allerlei Hochglanz-Zierrat – z.B. verchromten Stoßfängern mit Gummileisten – beibehalten.
»Einen Volkswagen Caravelle mit ganz beson-

derem Niveau« stellt herausragend der »Caravelle GL« dar, »mit besonders viel Komfort ausgestattet, damit er wirklich höchsten Ansprüchen gerecht wird«, bekräftigt die Verkaufsbroschüre. Äußeres Kennzeichen bleibt die schon bekannte, auffällige Zweifarben-Sonderlackierung in blau oder braun (dunkle Dach- und Seitenflächen, kontrastierend helle Fensterstreifen und untere Karosseriepartien; vgl. Foto eines »Caravelle GL« des Jahrganges 84) – jedenfalls solange, bis gegen Aufpreis diese Kleinbus-Typen bald auch mit Metallic-Lackierung »bronzebeige« oder »taubengrau« zu haben sind.

Während Stoffsitzbezüge für die einfacheren »Caravelle«-Busse mehrpreispflichtig bleiben, punkten die »GL«-Versionen von Beginn an (neben zusätzlichen Ausstattungsdetails wie Armlehnen-Einzelsitzen im Fahrerhaus) mit Velourstoffen auf Sitzbänken und an Wandverkleidungen.

Gegen Ende des »T3«-Produktionszeitraumes sind viele Mehrausstattungs-Module und weitere Farben typenunabhängig bestellbar, was das Identifizieren »auf den ersten Blick« erschwert – wenn man nicht gleich die Typ-Bezeichnung auf dem Heckklappen-Schriftzug rechts unten liest. Der hier gezeigte, tizianrotmetallic lackierte 89er »Caravelle GL«-8-Sitzer hat an Stelle der Chrom-Stoßfänger zum Beispiel die beliebte Kunststoff-Rundumbeplankung sowie Doppelrechteck-Scheinwerfer, darüber hinaus elektrisch einstellbare Außenspiegel, Nebelleuchten und Leichtmetallfelgen; das vergrößerte VW-Signet im Frischluftgitter tragen alle »Transporter« und »Caravelle« (auch auf der Heckklappe) seit Herbst 1987 selbstbewusst.

Caravelle Carat

Trotz allen »GL«-Aufwandes kann der »Caravelle« seine Kleinbus-Herkunft nicht wirklich leugnen – das muss doch irgendwie zu korrigieren sein?!? »Gehobener Lebensstil und das entsprechende Niveau im beruflichen Umfeld stellen besondere Anforderungen an einen Geschäfts- und Reisewagen. Immer häufiger wird eine Kombination von Großräumigkeit, Bequemlichkeit und reichhaltiger, exklusiver Ausstattung gewünscht: der neue Caravelle Carat erfüllt diese hohen Ansprüche«, meint dazu ein 83er Sonderprospekt von Volkswagen. Und in der Tat – mit neu gestalteter Doppelrechteckscheinwerfer-Frontpartie und optisch tiefer ansetzender Gürtellinie durch eine umlaufende Kunststoffblende in »wolkengrau-metallic« gewinnt dieser »T3« an individuellem, ja elegantem Charakter; für das Topmodell innerhalb seiner Familie scheint der prestigeträchtige Name gut gewählt: »Caravelle Carat«. Außen in dezentem »wolframgrau-metallic« lackiert, gibt er sich innen betont distinguiert und großzügig – »die sechs superbequemen Einzelsitze haben serienmäßig klappbare Armlehnen, wie im Jet, und Rahmenkopfstützen mit Kisseneinlage. Die mittleren Sitze sind Drehsitze, der in der Seitenwandverkleidung eingelassene Tisch wird einfach heraus geklappt. Die repräsentative Innenausstattung erlaubt, Ge-

Baureihe:	Transporter T3
Typ/Modell:	255 6 Caravelle Carat (Sechssitzer)
Bauzeit:	Oktober 1983 bis 1990
Motoren:	siehe T3-Tabellen S. 18–19 (nur Benzin-Einspritzer)
Höchstgeschw.:	133–150 km/h
Leergewicht:	1730 kg ohne Fahrer
zul. GG.:	2340 kg
Reifen:	205/70 R 14 reinforced
L x B x H:	4605 x 1845 x 1960 mm
Anmerkungen:	modifiziertes Fahrwerk, Leichtmetall-Räder 6J x 14, 5-Gang-Schaltgetriebe oder dreistufige Getriebeautomatik (keine Allrad-Ausführung); andere Daten wie Kastenwagen

schäftsfreunde standesgemäß zu empfangen«, formuliert die VW-Werbung, »im Caravelle Carat vereinigen sich die Vorzüge einer Luxuslimousine und der Komfort eines Großraum-Fahrzeuges zu einem vielseitigen Reise- und Geschäftsfahrzeug. Mobilität und Flexibilität sind heute ein Gebot der Zeit…«. Der »Caravelle Carat« ist nicht etwa für die Angestellten einer Firma, sondern für den Chef selber gedacht, zum Konferieren mit anderen Managern während der Fahrt, »der optimale Komfort ermöglicht es, dass die Geschäfte auch bei hoher Geschwindigkeit weiterlaufen.« Zeit ist Geld, und damit sollte man beim Kauf eines gut bestückten »Caravelle Carat« nicht kleinlich sein, knapp 30000.- Euro muss man Mitte der Achtziger schon für ihn locker machen. Aber dafür erhält man einen VW-Bus (darf man dieses Nobel-Mobil überhaupt so nennen?)

u.a. mit den jeweils leistungsstärksten Motoren, mit sportlich tiefergelegtem Fahrwerk und Alu-Felgen (zuerst im Loch-, später Stern-Design). Der abgebildete 90er »Carat« hat dazu noch eine Scheinwerfer-Reinigungsanlage und die elektrisch einstell- und beheizbaren Außenspiegel.

Multivan

Mitte der 80er Jahre baut Volkswagen in Hannover den »T3« variantenreich als leichtes Nutzfahrzeug («Transporter«) und ähnlich vielfältig in der Sparte Kleinbus bzw. Großraum-Pkw (»Caravelle«); den Bereich der eigentlichen Freizeitfahrzeuge aber decken bis dahin Fremdunternehmen ab, die den »T3« vom einfachen Camper bis zum komfortablen Reisemobil aus- oder umbauen.

Den Grundgedanken, auf Basis eines VW-Busses ein multifunktional verwendbares Familienfahrzeug zu entwickeln, hatten konzeptionell die Westfalia-Werke schon drei Jahrzehnte lang verwirklicht – beim »T1« mit der legendären »Campingbox«, beim »T2« mit vielseitigen Möblierungs-Varianten aus dem »Mosaik«-

Baureihe:	Transporter T3
Typ/Modell:	253 S Multivan
	253 T Multivan m. Aufstelldach
Bauzeit:	September 1985 bis 1991
Höchstgeschw.:	Benziner 125–150 km/h
	Diesel 103–127 km/h
Leergewicht :	Benziner 1395 kg ohne Fahrer Diesel bis 1480 kg ohne Fahrer, mit Aufstelldach plus 65 kg
zul. GG.:	2390–2600 kg (Benziner)
	2460–2600 kg (Diesel)
L x B x H:	4570 x 1850 x 1960/2050 mm (Mv ohne/mit Aufstelldach)
Anmerkungen:	andere Daten wie Kastenwagen

Selbstausbau-Programm, und der »T3« wird im Herbst 83 in Wiedenbrück zum »Multimobil« unter dem von der hauseigenen Campingwagen-Familie abgeleiteten Namen »Sport Joker« (der jedoch als abgespeckter Camper mehr oder weniger ein Nischendasein fristet). Verantwortliche bei VW in der Sonderfahrzeug-Entwicklung greifen diese eigentlich doch Erfolg versprechende Idee eines Mehrzweck-Bullis auf – gehen das Problem aber umgekehrt an und präsentieren zum Modelljahrgang 86 ein »Alltags-, Sport- und Spielmobil (mit mehr Raum für die Freizeit!)«, das auf gleicher

Grundfläche mehr Kofferraum und Sitzplätze bietet als ein normaler Pkw-Kombi, und darüber hinaus noch Kühltruhe, Tisch und ein Bett – den »Multivan«.
Auf doppelseitigen Zeitschriften-Anzeigen fragt der VW-Informationsdienst: »Wenn es um die Freizeittauglichkeit eines Autos geht, geht es in einem normalen Pkw eher eng zu. Wo ist der Raum für Hobby- und Sportgeräte, zum Wohnen und Schlafen, für Kind und Kinderwagen?« Die gewitzten Werbeleute haben auch gleich eine passende Antwort parat und verkünden ohne Übertreibung: »Die zeitgemäße Idee für ein Freizeitauto ist der VW Multivan. Durch seine Bauweise, Raumaufteilung und Ausstattung bietet er den Lebensraum, den Sie brauchen: im Multivan können sich bis zu sechs Personen wohl fühlen. Er hat komfortable Sitze mit verstellbaren Armlehnen im Fahrerabteil, einen Einzelsitz mit Staufach im Fond und eine Dreier-Sitzbank mit Stauraum, die mit einem Griff zu einer großen Schlaffläche wird. Dazu Klapptisch und Kühlbox... Kein Wunder, dass der Multivan als Mehrzweckauto immer beliebter wird.«

Auf diese Weise zwischen »Caravelle« und »Joker« positioniert, erweist sich der »Multivan« nach kurzer Anlaufzeit tatsächlich zum Volltreffer für VW, zumal er nicht nur eine Marktlücke besetzt, sondern dabei sogar eine neue Fahrzeug-Kategorie prägt – die Klasse der vielseitigen Freizeitmobile (oder auf Neudeutsch: MPVs, »Multi-Purpose-Vehicles«).
Auf Wunsch gegen entsprechenden Mehrpreis auch mit einem quadratmetergroßen »Caravelle«-Schiebedach oder dem »Joker«-Aufstelldach mit Gepäckwanne vorn (inklusive 185 cm langer und 122 cm breiter Doppelliege im Dach und dem darunter hängenden Schrank) lieferbar, wird der in über 20 000 Exemplaren gebaute »Multivan« zum leichten Wochenend-Camper für vier Personen, der zudem an Stelle einknöpfbarer mit praktischen Zuzieh-Gardinen und weiteren nützlichen Einbauten bei Westfalia aufgerüstet werden kann – »denn der Multivan ist eben mehr als nur ein Auto«.

Syncro-Ausführungen

Dank seiner beiden Untersetzungsgetriebe an den Hinterrädern kam der vergleichsweise leichte »T1« (wie der 40er-Jahre-Kübelwagen) nicht nur ein wenig hochbeinig daher, sondern abseits fester Straßen auch deutlich weiter als seine beiden Nachfolger »T2« und »T3« mit ihren sportlichen Doppelgelenk-Hinterachsen und immer mehr Antriebs-Power: auf nasser und leicht ansteigender Wiese hat der schwere »T3« mit seinen breiteren, recht schnell durchdrehenden Reifen kaum eine Chance auf Vortrieb.

Dass dagegen auch ein »T2« schon mehr konnte, bewies »Transporter«-Entwickler (und Sahara-Fahrer) Gustav Mayer Ende der 70er mit seinen Allradversuchen zwar nicht ohne deutlichen werksinternen Widerstand, aber eindrucksvoll und vor allem pressewirksam: der 4x4-Bulli kam bei Fachleuten und VW-Bus-Fahrern so hervorragend an, dass Volkswagen letztendlich nachgab – und den vierradgetriebenen »T3« ab 1985 in Graz bauen lässt. Zwar nicht wie die »T2«-Allrad-Prototypen mit

Baureihe:	Transporter T3
Typ/Modell:	alle Varianten der Grundtypen 245..7 Pritschenwagen Syncro, 247..7 Doppelkabine Syncro, 251..7 Kastenwagen Syncro, 253..7 Kombi Syncro, 255..7 Caravelle Syncro
Bauzeit:	Februar 1985 bis Herbst 1992 (ausgenommen Carat)
Motoren:	mit Kennbuchstaben DG, DJ, JX, MV
Allrad-Antrieb:	permanent bzw. automatisch
Getriebe:	4V + G +1R
Höchstgeschw.:	Benziner 120–142 km/h Diesel 117–122 km/h
Leergewicht:	1540–1730 kg mit Fahrer
zul. GG.:	2500 kg
Reifen:	185 R 14C 6PR (außer Car.GL), 205/70 R 14-97 (nur Car.GL)
Radstand:	2455 mm
L x B x H:	4570 x 1850 x 1990/1995 mm (geschlossene / offene Typen)
Anmerkungen:	andere Daten wie Kastenwagen mit Hinterradantrieb (4 x 2)

Getriebe-Drehmomentwandler und manuell zuschaltbarem Vorderradantrieb, sondern konzeptionell verbessert mit selbstsperrender, silikongefüllten Visco-Kupplung im Vorderachs-Getriebe, die bei Drehzahldifferenzen zwischen Vorder- und Hinterrädern synchron für einen automatischen Leistungsausgleich sorgt (siehe Phantombild: kräftige Gleitkufen schützen den vom Hinterachs-Getriebe nach vorn über die Kardanwelle zur Visco-Kupplung verlaufenden Antriebsstrang; Reserverad und Kraftstofftank sind aus Platzgründen nach hinten verlegt). Die konstruktiven Änderungen am Fahrgestell und Unterboden sind zwar aufwändig, jedoch nur dann erkennbar, wenn man eben unter das Fahrzeug schaut – und da das Unterboden-Fachwerk bei den »Transportern« identisch ist, können auch alle bisher bekannten und in Hannover vorgefertigten »T3«-Karosserieaufbauten, offene wie geschlossene Grundtypen und ihre Varianten, oben herum unverändert in Graz mit der neuen Allrad-Technik ausgestattet werden. Bei VW klingt diese Tatsache so: »Mit Allrad von unten bis oben überlegen. Unten: der einzigartige Allrad-Antrieb, der völlig selbsttätig zupackt, wenn es nötig ist. Oben: die zahlreichen, in allen Branchen bewährten Ausführungen. Als Bus, Kombi, Kastenwagen, Doppelkabine und Pritsche.«

Volkswagen nennt den Allrad-Bulli, logisch, »Transporter« oder »Caravelle«, aber mit der leicht fasslichen wie aufwertenden Zusatzbezeichnung »Syncro« (erst klein am Heck angeschrieben, dann aber bald größer die Front zierend). Die Schweller-Aufkleber »Syncro 4x4« sind für Werbefahrzeuge der Händler typisch; bei genauem Hinschauen kann man den »Syncro« auch ohne diese Markierung vom hinterradgetriebenen Pendant unterscheiden – der nach hinten verlegte Tank hat seinen Einfüllstutzen-Deckel jetzt im hinteren rechten Seitenteil. Ab 1986 bietet VW den »Syncro« auch in einer 16-Zoll-Variante an (erkennbar an größeren Lochfelgen und Plastik-Radhausverbreiterungen).

Mit Ausnahme des »Caravelle Carat« läuft in Graz jeder »T3« auf Wunsch mit der Visco-Technik vom Band, vom 85er »Pritschenwagen« (hier als Sonderfahrzeug mit seltenem Drehleiter-Aufbau) bis zum 92er »Caravelle GL«; ein beispielloses Serienprogramm mit einer Gesamtstückzahl von 43468 »Überallrad«-Typen (darunter ca. 2100 16-Zoll-Versionen) im etwa achtjährigen Produktions-Zeitraum – rund 2 % aller »T3« sind damit »Syncros« aus Österreich.

Krankenwagen / Hochraum-KTWs

Baureihe:	Transporter T3 Sonderausführungen
Typ/Modell:	253 6 Krankentransportwg. I 253 7 Krankentransportwg. II
Bauzeit:	KTW I August 1982 bis 1992; KTW II August 1985 bis 1992
Motoren:	siehe T3-Tabellen S. 18–19
Leergewicht:	Benziner 1680 kg mit Fahrer Diesel 1750 kg mit Fahrer, Hochraum-KTW plus 200 kg
zul. GG.:	2300–2390 kg (Benziner) 2300–2400 kg (Diesel)
L x B x H:	4570 x 1850 x2215/ 2615 mm mit Sondersignalanlage; (KTW / Hochraum-KTW)
Anmerkungen:	andere Daten wie Kastenwagen

Der VW-»Krankentransportwagen« ist in den über dreißig Jahren seiner Produktionszeit als Standard-KTW vieler kommunaler und freier Rettungsdienste mit seinem Flachdach und in DIN-Ausführung ein gewohnter Anblick im Straßenbild; modellgepflegt und mit aktualisierten Motoren ist er zuverlässiger »Helfer in Not und Gefahr« überall auf der Welt.

Zum Modelljahr 1986 erhält er Konkurrenz aus dem eigenen Haus – der »Sonderfahrzeugbau« im Werk Hannover ergänzt den (als »KTW I« weiterhin erhältlichen) Grundtyp um eine »KTW-II«-Version mit modularisierter Krankenraum-Ausstattung und unterschiedlich wählbaren Dachkonzeptionen: Normalblechdach, M513 (»Dehler«-)Schräghoch- Kunststoffdach mit normaler Schiebetür oder M514 erhöhter Schiebetür und M516 bzw. M515 Serienhochdach mit normaler/erhöhter Schiebetür; »für jeden Einsatz das richtige Fahrzeug«.

Auf dem Foto sind drei dieser KTW-Varianten vorgestellt; links ein »KTW-I-Syncro« mit normalem Blechdach (und kombinierter Blaulicht-/Tonfolge-Anlage), in der Mitte ein »KTW-II-Syncro« in Serienhochdach-Ausführung und zwei diagonal aufgesetzten Blaulichtern, rechts ein Dehlerdach-»KTW II« mit Doppelblaulicht auf dem Fahrerhaus (und optionalen Kunststoffstoßfängern mit Spoiler).

Feuerwehr-Kombi / -Kasten

»VW-Transporter. Die bewährte Basis für jede Feuerwehr«, lässt uns ein Sonderfahrzeug-Prospekt wissen und unterscheidet zwischen Kastenwagen-, Doppelkabinen- bzw. Kombi-Grundtypen, die von anderen Firmen modifiziert und feuerwehrtechnisch bestückt werden, und werksintern vorbereiteten Einsatzfahrzeugen für kommunale, freiwillige und Betriebs-Feuerwehren. Wurden zur Bauzeit der »T1« und »T2« hauptsächlich Tragkraftspritzen-Kastenwagen (TSF-T) hergestellt, die von speziellen Fw-Ausrüstern ihre Norm-Beladung (zusammen mit der legendären »TS 8/8«-VW-Industriemotor-Pumpe) erhielten, liefert VW den »T3« in größeren Stückzahlen zunächst eher als Mannschafts-Kombi (MTW) oder leichten Besprechungs- und Kommandowagen (ELW) aus.

Dies ändert sich wieder etwas zu Gunsten des Kastenwagens (oder auch der Doka), als die Allrad-»Transporter« 1985 auf den Markt kommen – der »Syncro« bietet gerade für Feuerwehren, die auch in unwegsamem Gelände oder unter oft widrigen Wetterbedingungen operieren müssen, eine gesteigerte Betriebstauglichkeit. »An jeden Einsatzort kommen und das möglichst schnell und sicher, auch dort, wo die Straßen aufhören, wo Steigungen, Glatteis, tiefer Boden das schnelle Vorwärtskommen behindern… Als Vorausrüstwagen ist der Transporter Syncro durch seine guten Geländeeigenschaften, leistungsstarke Motoren und das großzügige Raumangebot des Kastenwagens besonders geeignet«; das (nicht von VW, sondern von einschlägigen Brandschutzfirmen gelieferte) Rettungs-, Beleuchtungs- und Sanitätsgerät kann übersichtlich und griffbereit untergebracht werden.

Baureihe:	Transporter T3 Sonderausführungen
Typ/Modell:	253 1-5 Feuerwehr-Kombi und Einsatzleitwagen (ELW 1)
Bauzeit:	August 1982 bis 1992
Motoren:	251..7 Fw-Kastenwagen und Vorausrüstwagen (VRW)
Bauzeit:	1985 bis 1992
Leergewicht:	ELW ca.1550–1620 kg mit Fhr., VRW ca.1580–1650 kg mit Fhr.
L x B x H:	4570 x 1850 x 2215/ 2245 mm mit Sondersignalanlage (Kombi+ELW / VRW Syncro)
Anmerkungen:	ohne fw-technische Beladung; andere Daten wie Kastenwagen Syncro bzw. Kombi 4 x 2

Großraumtaxi / Hochraum-Halbkasten

Gegen Ende der 80er Jahre gibt es aus der KD-Werkstatt/Hannover neben den bisher üblichen Taxi-Versionen auf »Caravelle«-Typen eine weitere Variante – ohne mittlere Sitzbank, dafür mit zwei praktischen, gegen die Fahrtrichtung eingesetzten, leicht demontierbaren Armlehnen-Klappsitzen hinter dem Fahrerhaus; das schafft Raum für zusätzliches, sperriges Gepäck wie Rollstühle oder Kinderwagen. Als Besonderheit ist eine »elektrisch betätigte Schiebetür lieferbar, so dass die Tür bequem vom Fahrersitz aus geöffnet oder geschlossen werden kann«. Abgebildet ist ein entsprechendes 87er »Großraum-Taxi« mit optionaler zweiter Schiebetür (M520) und modischen »Radziervollblenden« (M950).

Baureihe:	Transporter T3 Sonderausführungen
Typ/Modell:	255 Z53 Großraum-Taxi
Bauzeit:	August 1982 bis 1991
Leergewicht:	je nach Ausführung ca. 1450–1620 kg
L x B x H:	4600 x 1850 x 2065 mm (mit Taxi-Dachzeichen)
Anmerkungen:	andere Daten entsprechend Caravelle C/CL/GL oder Kombi

Beim werkseigenen Sonderfahrzeugbau wurden bereits Mitte der 70er Jahre »T2«-Kastenwagen zu Kastastrophenschutz-Funkkraftwagen vorbereitet in der für sie typischen Art als »Halbkasten«: Schiebetür und gegenüber liegendes, starres linkes Seitenteil hatten Fenster. Diese neue »Zwitter-«Karosserieform erwies sich für andere Behörden- oder Privatkunden so zweckmäßig, dass VW sie (nicht als eigenen »Transporter«-Typ, sondern über kombinierbare Mehrausstattungs-Steuernummern) im Laufe der Zeit in das reguläre Angebots-Programm integrierte. Das Foto zeigt einen solchen speziellen 89er »Großraum-Kastenwagen« mit den beiden seitlichen Zusatzfenstern (und Dachblinkern sowie M510, »je eine senkrechte Trennwand hinter Fahrer- und Beifahrersitz«).

Baureihe:	Transporter T3 Sonderausführungen
Typ/Modell:	251 M515 / M364 Hochraum-Kastenwagen mit erhöhter Fenster-Schiebetür und einem Fenster gegenüber
Bauzeit:	August 1983 bis 1992
Leergewicht:	Benziner ca. 1450 kg m. Fahrer, Diesel ca. 1520 kg mit Fahrer
L x B x H:	4570 x 1850 x 2365 mm (Höhe ohne Dachblinker)
Anmerkungen:	andere Daten wie Kastenwagen

Kipper / Fahrgestell mit Fahrerhaus

Wie viele andere Sonderausführungen des »T3«, die von Fremdanbietern umgerüstet oder aufgebaut werden, gibt es die offenen Grundtypen bereits seit 1979 auch mit der schon vom »T1« und »T2« her bekannten hydraulischen Kippeinrichtung von Autodienst Promoter in Lengerich. Unser Beispiel zeigt die 85er »Doppelkabine Syncro« eines kommunalen Amtes mit der manuell mittels Schwenkhebel betriebenen Kipphydraulik, die im »Tresorraum« untergebracht ist.

Ein weitere interessante Spezialausführung ist die in Hannover vorbereitete Bodengruppe mit Fahrerkabine des »Kastenwagens« – im regulären Produktionsablauf bereits vollständig ohne verzichtbare (bewegliche) hintere Teile montiert, anschließend noch u.a. um die ab B-Säulen störenden Karosseriesegmente verkürzt, gerät das »Fahrgestell mit Fahrerhaus« (trotz des nachteiligen Motorkastens) zur einsatzfähigen Basis für verschiedenartige Koffer-, Verkaufs- und Wohnmobil-Aufsätze mehrerer Karosseriebau-Fremdfirmen, die diesen gestrippten »Transporter« als Fundament für ihre voluminösen Anbauten nutzen wollen (siehe dazu die umseitig vorgestellten Beispiele).

Baureihe:	Transporter T3 Sonderausführungen
Typ/Modell:	247 Doppelkabine mit hydraul. Kippeinrichtung
Bauzeit:	August 1982 bis 1992
Höchstgeschw.:	Benziner 110–150 km/h, Diesel 110–127 km/h;
Leergewicht:	Benziner 1580 kg mit Fahrer Diesel 1650 kg mit Fahrer
zul. GG.:	2390–2600 kg (Benziner) 2400–2600 kg (Diesel)
L x B x H:	4570 x 1870 x 1925 mm
Ladefläche:	1880 x 1735 mm
Anmerkungen:	andere Daten wie Pritschenwagen

Baureihe:	Transporter T3 Sonderausführungen
Typ/Modell:	251 0 M658 / S724 Fahrgestell mit Fahrerhaus
Bauzeit:	August 1982 bis 1992
Höchstgeschw.:	je nach Aufbau je nach Aufbau
zul. GG.:	2390–2600 kg (Benziner) 2400–2600 kg (Diesel)
L x B x H:	4450 x 1870 x 1950 mm
Ladefläche:	1880 x 1735 mm
Anmerkungen:	andere Daten wie Kastenwagen

Verkaufswagen / Koffer-Aufbau

Baureihe:	Transporter T3 Sonderausführungen
Typ/Modell:	251 0 Kastenwagen mit Verkaufswagen-Aufbau »Elbe«
Bauzeit:	August 1982 bis 1991
Leergewicht:	je nach Ausfhrg. bis 1800 kg
zul. GG.:	wahlweise bis 2600 kg
L x B x H:	4570 x 2100 x 2400 mm
Anmerkungen:	andere Daten wie Kastenwg., Höchstgeschwindigkeit je nach Motortyp 100 bis 140 km/h

Mit aus Stabilitätsgründen sich zum Dach hin verjüngenden Seitenwänden bietet Borco-Höhns den modellgepflegten Verkaufs-Aufbau »Elbe« an, dessen Transportraum durch eine »Schlupftür« von der Fahrerkabine her betreten und über die Heck- oder Verkaufsklappe beladen werden kann (die große Abbildung zeigt ein 83er, noch nicht endgültig lackiertes Fahrzeug mit Zweistufentheke und Inneneinrichtung für Molkereiprodukte).

Den »Trader«-Kofferaufbau von Karmann aus Osnabrück auf dem »T3«-Fahrgestell (hier gezeigt als Transportfahrzeug des Modell-Jahrganges 87) gibt es ebenso als Verkaufsmobil – dann aber mit Seitenklappe anstelle der hohen Schiebetür und kleinem Schaufenster über dem hinteren rechten Radkasten.

Karmann Gipsy

Ein weiteres Beispiel für »Transporter-Fahrgestell«-Serienaufbauten ist das Karmann-Reisemobil »Gipsy«, das es schon früher für die luftgekühlten »T2«- und »T3«-Typen gab (kleines Bild: Modell 83, unten: Modell 89). »Auf das ausgereifte Markenfahrgestell von VW haben wir einen ebensolchen Wohnaufbau gesetzt. Solide in der Verarbeitung, überzeugend in der Gestaltung…«, meint der letzte »T3«-Prospekt von Karmann für die 90er Ausführung. Die gemeinsame Modellpflege von VW und Karmann spendiert dem späteren Modell u.a. Bügel-Spiegel, Rechteckscheinwerfer und eine vergrößerte Dachgepäck-Fläche (Alu-Felgen und Nebelleuchten sind aufpreispflichtig).

Baureihe:	Transporter T3 Sonderausführungen
Typ/Modell:	251 0 M707 Fahrgestell mit Fahrerhaus, vorbereitet für Karmann-Mobil »Gipsy«
Bauzeit:	August 1982 bis 1991
Leergewicht:	1970 bis 2085 kg
zul. GG.:	je nach Ausfhrg. bis 2500 kg
L x B x H:	4900 x 2050 x 2700 mm
Anmerkungen:	andere Daten wie Kastenwg., Höchstgeschwindigkeit je nach Motortyp minus 15–25 km/h

Dehler Profi / Multivan »2+2«

Baureihe:	Transporter T3 Sonderausführungen
Typ/Modell:	253 0 S 726 Dehler Profi mit Schräghochdach
Bauzeit:	August 1982 bis Ende 1990
Leergewicht:	ca. 1750 bis 1850 kg
zul. GG.:	2360 kg (Benziner) 2400 kg (Diesel)
L x B x H:	4610 x 1845 x 2365 mm
Anmerkungen:	Stehhöhe innen 1,86 m, Flachdachoption u. »Konferenz-Mobil« (6 Einzelsitze) möglich; andere Daten wie Caravelle

Experimentierte man beim Yachthersteller Dehler im Sauerland die ersten zwei, drei Jahre mit den auch äußerlich unterschiedlichen »Profi«-Varianten (vgl. 84er Sparausführung »Sport« mit Surfbrett-Halterung am Dachaufbau, Sonderlackierung und Plastik-Radziervollblenden; kleines Foto), hat man ab etwa 1985 die klassische Form dieses »So.-Kfz Büro-Fahrzeuges« in Ausstattung wie Dekoration gefunden: isoliertes Polyester-Schräghochdach mit eingeformtem Gepäckdeck und je zwei aufstell- und verdunkelbaren »Panorama- und seitlichen Lüftungsfenstern mit Lamellenschutz« (das frühere transparente »Schiebeluk« in der Dachmitte ist entfallen), Kunststoffseitenverkleidungen oberhalb der Gürtellinie mit getönten Außenscheiben vor den Serienfenstern, Spoiler-Stoßfänger mit »rundum laufendem Steinschlagschutz«.

Edle Metallic-Lacke mit kontrastierenden Außenverkleidungs-Farben und Leichtmetallfelgen wie auf dem 87er Frontal-Bild unterstreichen den repräsentativen Auftritt des »Profi« als vielseitiges Reise- und Büromobil. Das hochwertig verarbeitete Interieur bietet hinter dem Fahrerabteil vier Sitzplätze auf zwei Bänken (Einzelsitze nur in der Version »Konferenzmobil«), die variabel um einen Schwenktisch herum gruppiert und zu einer Doppelliege umgebaut werden können, Stauschränke bzw. Kleidersäcke im Heck, Kühlbox, Küchenblock mit Kocher, Nasszellen-Hochschrank mit Waschbecken und klappbarer Duschwanne (alternativ als flacher Waschschrank ausgeführt), und einen großer Staukasten über dem Motorraum im Dachbereich, der mit zusätzlichen Formteilen zu zwei weiteren Schlafplätzen ergänzt werden kann.

Die »Harmonie von Optik und Technik« (Dehler-Broschüre 1988) hat ihren Preis – daher hält sich die »Profi«-Gesamtproduktion von nicht einmal 2000 Exemplaren inklusive weniger als zwei Dutzend »Syncros« durchaus in Grenzen... Rund fünfzig »Multivan« und »Bluestar« (siehe Seite 64) – auch nicht gerade Sonderangebote – sollen 1990 noch mit Restdachbeständen des »T3-Profi« und Innenraum-Modulen zum Mehrzweck-Freizeitauto »Dehler 2+2« verfeinert worden sein (siehe 90er Schrägansicht der Heckpartie mit eingeklapptem Dachgepäckträger), während sich der Yachtbauer aus Meschede-Freienohl schon mit der nächsten Generation des »Transporters« und dessen realer Verwandlung in ein weiteres, nicht nur für VW-Bus-Fahrer attraktives GfK-Designerstück befasst.

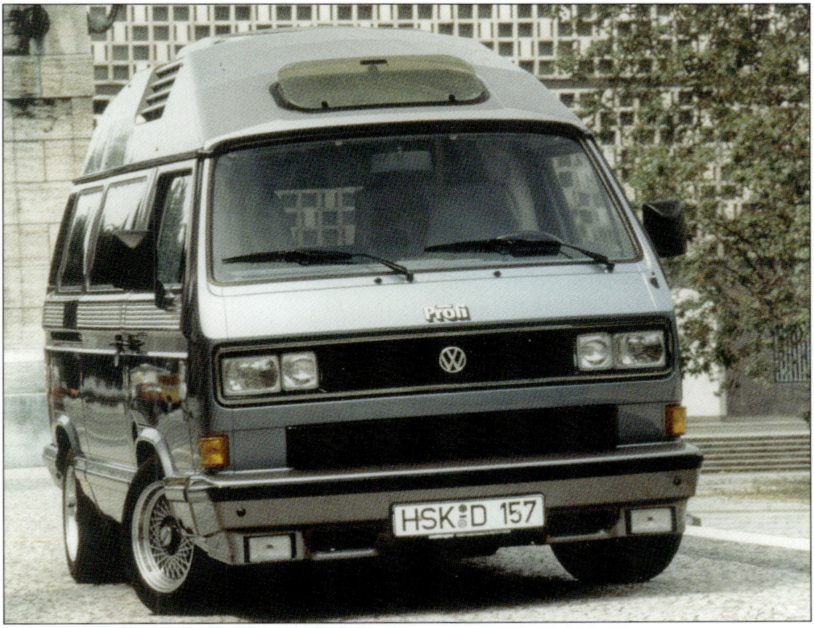
Profi
HSK D 157

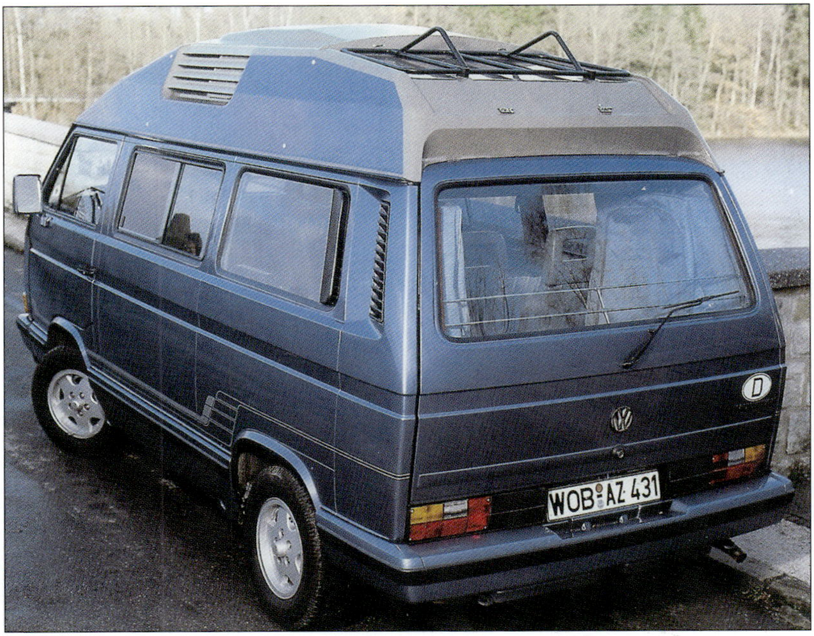
D
WOB AZ 431

Joker-Ausführungen

Baureihe:	Transporter T3
Typ/Modell:	253 9 M581 Campingwagen Joker 1 (mit Aufstelldach) 253 0 M137/M581 Campingwg. Joker 3 (mit Hochdach)
Bauzeit:	August 82 bis 1990
Höchstgeschw.:	110–145 km/h
Leergewicht:	1640–1785/1700–1845 kg (Aufstelldach/Hochdach)
zul. GG.:	2340–2500 kg (Benziner) 2410–2500 kg (Diesel)
L x B x H:	4570 x 1850 x 2065/ 2665 mm (Aufstelldach/ Hochdach; Syncro-Ausführg. plus 30 mm)
Anmerkungen:	andere Daten wie Kastenwagen

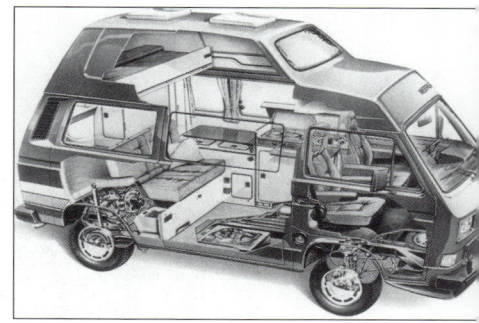

Mit dem Produktionsende der Luftboxer-Motoren im »T3« wird zum Modelljahrgang 83 das Reisemobil-Programm von Volkswagen und Westfalia neu geordnet: Campingbusse mit Kunststoff-Aufstelldach und Zeltstoff-Faltenbalg heißen jetzt »Joker 1«, mit festem GfK-Hochdach »Joker 3«. Mit modifiziertem (L-Rundsitzgruppen-)Grundriss und vor allem optischer wie funktionaler Aufwertung positioniert sich der »Club Joker« über, der »Sport Joker« als Sparversion mit einer flexiblen Bausatz-Möblierung unter dem Basismodell »Joker«; alle Ausführungen sind in beiden Dachvarianten (und entsprechenden Ziffern, »Sport Joker« ohne Zusatz mit normalem Blechdach) lieferbar. Aus Anlass des 250.000. Westfalia-Campers legt man in Wiedenbrück 1985 für einen kurzen Zeitraum den besonders reichhaltig ausgestatteten, bronzebeigemetallic lackierten »Jubiläums Joker« mit goldfarbenen Applikationen sowie Radzierblenden auf; das Stiefkind »Sport Joker« wird gegen Ende des Jahres mit dem Erscheinen des »Multivan« (der ja immerhin auch mit Aufstelldach zu haben ist) als eigene Fahrzeugkategorie entbehrlich, lebt aber in Form des »Mosaik Joker«-Selbsteinrichtungs-Systems für Neu- oder Gebrauchtwagen weiter. In der zweiten Hälfte der 80er wird das (noch vom »T2-Berlin« abstammende) Einbauten-Konzept nicht mehr verändert – es ist für den beschränkt zur Verfügung stehenden Raum im VW-Bus schlicht ideal: eine zum Bett klappbare Sitzbank und eine Dachliege bieten vier Schlafplätze, die Küche ist gegenüber der Schiebetür an der linken Seitenwand platziert, das Fahrerhaus mit Drehsitzen kann in den Wohnraum integriert werden. Etwa 80.000 »Joker« werden so bei Westfalia in Serie gefertigt, bis die 4. »Transporter«-Generation Ende 1990 die Nachfolge des »T3« antritt; doch schon in den beiden Jahren zuvor werden immer weniger »Joker« produziert – VW selber ist mit den auch in Wiedenbrück gebauten »California«- und »Atlantic«-Modellen eine zu starke Konkurrenz (immerhin versucht Westfalia im Mai 1988 mit dem »Club Van«, einem etwas einfacheren »Joker« ohne Gasanlage, dafür mit Personenwagen- statt Wohnmobilzulassung, verlorenes Terrain zurück zu gewinnen – vergeblich).

Die Abbildungen zeigen u.a. je ein Phantombild und Werbefoto des 86er »Club Joker 3« mit eingefärbtem Frischluftgitter, Frontspoiler, Gummileisten auf den Stoßfängern und Felgenverkleidungen; der Stauraum im »Joker« ist zwar nicht üppig, aber doch zufriedenstellender, als die Bekleidung der Fahrerin in ihrem knappen Campingdress vermuten lässt... Auf dem großen Foto ist mit geöffnetem und in Wagenfarbe lackiertem Aufstelldach einer der letzten »Joker 1« zu sehen: um sich den preiswerteren VW-eigenen Campern »California« und »Atlantic« absetzen zu können, ist er optional mit M401, Alu-Felgen des »Caravelle GL« und W45, Kunststoff-Beplankung und Stoßfänger des »Carat« herausgeputzt. An Stelle einer kurzen Dachgepäckwanne vorn hat er wahlweise einen (vom »Club Van« übernommenen) angeschrägten, »aerodynamischen Dachaufsatz«, der einerseits den Kraftstoffverbrauch senken, die Fahrgeschwindigkeit erhöhen und andererseits den Einbau eines Glashebedaches über der Fahrerkabine ermöglichen soll.

»Der Alltags-Freizeit-Urlaubs-Joker: Exclusivität inclusive«; diese Verheißung im Wiedebrücker Prospekt enthält einen wahren Kern – mit dem letzten »Joker« 1991 endet bei Westfalia (nach exakt 40 Jahren!) der eigenständige Ausbau der »VW-Campingwagen«; der allerletzte klassische »Joker« übrigens geht dann als Spende an das Deutsche Museum nach München.

California / Atlantic

Zum Caravansalon 1988 als Versuchsballon gestartet, überholt der offiziell zunächst nur als limitiertes Sondermodell geplante »Volkswagen California« bereits kurz nach seinem Erscheinen das im gleichen Werk in Wiedenbrück gefertigte Familienmitglied »Joker«: mit leicht modifizierter USA-Ausstattung, aber vor allem fast 5000 Euro günstiger als der »original Westfalia«-Camper angeboten, schlägt er wie ein Sonderangebot ein – trotz der nur auf die Außenfarben »Pastellweiß« und »Marsalarot« begrenzten Varianten. Erstmals in der gemeinsamen Geschichte der VW/Westfalia-Campingwagen zeichnet Volkswagen nun allein für Grundfahrzeug, Einbauten, Vertrieb, Service und Garantie verantwortlich – und will damit

Baureihe:	Transporter T3
Typ/Modell:	253 W37/39 California (mit Aufstell- oder Hochdach)
Bauzeit:	Herbst 88 bis 1991
Typ/Modell :	253 W56/58 Atlantic (mit Aufstell- oder Hochdach)
Bauzeit:	Herbst 89 bis 1991
Motoren:	siehe T3-Tabellen S. 18–19
Höchstgeschw.:	ca. 125–145 km/h
Leergewicht:	ca. 1800 kg mit Fahrer
zul. GG.:	ca. 2400 kg
L x B x H:	4570 x 1850 x 2080/ 2610 mm (Aufstelldach/ Hochdach)
Anmerkungen:	AD-Betten 1850 x 1220 mm, HD-Betten 1940 x 1160 mm, Atlantic auch als Syncro mögl.; andere Daten wie Kastenwagen

seine Position als Marktführer im Segment der Pkw-ähnlichen Reisemobile nicht nur festigen, sondern noch weiter ausbauen.

Wie seinen Stiefbruder »Joker« kann man zwar den »California« mit klappbarem Aufstell- oder festem Stufenhochdach inklusive der jeweiligen Dachbetten ordern, trotzdem entspricht er in der dann doch unlimitiert bis dahin etwa 1500mal verkauften serienmäßigen Ausstattung eher einer Basis, die durchaus noch etwas Komfort vertragen kann (dem normalen »Joker« steht ja auch die »Club«-Variante zur Seite): zum Herbst 1989 schiebt VW die noblere und darüber hinaus deutlich wintertauglichere Version »Atlantic« nach – lackiert in alpinweiß, kirschrot oder calypso-(helltürkis)-metallic.

Beide Wohnmobile von Volkswagen unterscheiden sich (abgesehen von der Farbgebung) äußerlich durch ihre Namenszüge an Front und Heck, schmalen Streifen-Applikationen ober- oder unterhalb der Gürtellinie, in Rückspiegel- und Fensterausführungs-Details und durch die Vollständigkeit der Kunststoff-Rundumbeplankung im Stoßfänger- bzw. Schweller-Bereich. Gemeinsam ist ihnen unter anderem (im Unterschied zu den Westfalia-»Jokern«) der geprägte Plastikschriftzug »Vanagon« rechts unten auf der Heckklappe: ein Hinweis auf die nahe Verwandtschaft der »Californias« und »Atlantics« zu den ehemaligen Wiedenbrücker Campingwagen-Altmeistern für den nordmerikanischen Markt.

Auf den Fotos sind die beiden Volkswagen-Reisemobil-Grundtypen Modell 89 bzw. 90 zu sehen, wobei die Dachvarianten auch umgekehrt vorstellbar sind; beim Aufstelldach gab es serienmäßig jedoch stets das vordere »Aerodynamik-Anschlussteil« statt der kurzen Dachgepäckwanne (und als aufpreispflichtiges Zubehör das bei genauem Betrachten erkennbare Trägersystem oberhalb des Aufstelldaches).

Caravelle Coach

Baureihe:	Transporter T3
	Limitierte Sonder-Editionen
Typ/Modell:	255 S746 Caravelle Coach
	Siebensitzer 2-2-3
Bauzeit:	Sommer 87 bis 88
Motoren:	Kennbuchstaben DJ, MV, JX
Anmerkungen:	Variante 8-Sitzer 2-3-3 mögl., keine Syncro-Ausführung; andere Daten wie Caravelle C

Zur Jahresmitte 1987 kurbelt VW den Absatz der »T3«-Bullis mit einer limitierten Sonderedition in Form der attraktiven Komplettausstattungs-Variante »Caravelle Coach« an, »denn der Coach ist nicht nur besonders günstig im Preis, sondern auch besonders reich in der Ausstattung« (wie der Werbe-Flyer verrät). Abgesenktes Fahrwerk mit Breitreifen, Frontspoiler, Kunststoff-Stoßfänger mit »Pufferleiste«, Doppelscheinwerfergrill, Felgenzierblenden und Heck-Scheibenwischer werten diesen »Caravelle C« schon äußerlich auf; innen sind es Armlehnen-Fahrersitze, Servolenkung, Ablagekästen, Armaturenbrett-Polsterung, Teppichboden, Rahmenkopfstützen, Steckdose mit Zigarrenanzünder usw., die der Sicherheit und Bequemlichkeit dienen – »Wetten, dass Ihnen der Caravelle Coach gefällt?!«

Der Erfolg dieser ersten limitierten »T3«-Sonder-Edition mit serienmäßigen Mehrausstattungs-Extras (und spezieller Namensgebung) ermutigt VW, für die nahe Zukunft ähnliche Absatz steigernde Verkaufsaktionen ins Auge zu fassen.

Multivan Magnum

Baureihe:	Transporter T3
	Limitierte Sonder-Editionen
Typ/Modell:	255 S741 Multivan Magnum
	Sechssitzer 2-1-3
Bauzeit:	Mai 88 bis 89
Motoren:	Kennbuchstab. DG, DJ, MV, JX
Anmerkungen:	keine Syncro-Ausführung; andere Daten wie Multivan

Der wachsenden Tendenz zu vielseitig nutzbaren Fahrzeugen auf dem Sektor der Großraum-Pkw begegnete Volkswagen bereits gut zwei Jahre zuvor mit der Einführung des »Multivan« – mit einer 88er Sonder-Edition dieses Multi-Talents soll dieser Trend weiter verstärkt werden. »An guten Ideen halten wir fest. Die Erfolgsidee von Volkswagen: Multivan Magnum«, verkündet das PR-Faltblatt und zählt die gegenüber der Basisversion serienmäßig enthaltenen (am Zeitgeschmack orientierten und im Gesamtpaket deutlich preisgünstigeren) »Extra-Ausstattungs-Details mit optischer Ausstrahlung« auf: Frontgrill mit Doppelscheinwerfern, Breitreifen, Radziervollblenden, kunststoffummantelte Stoßfänger mit kompletter Seitenverblendung usw.; Dachträgersysteme, helle seitliche Zierstreifen und Alufelgen – wie auf der Abbildung – entstammen dem aufpreispflichtigen Zubehör- oder M-Ausstattungs-Katalog. »Den Multivan Magnum gibt es in limitierter Auflage zu einem besonders attraktiven Preis. Mit Einrichtungsdetails, die es in sich haben: Stoffsitze für bis zu 6 Personen, umklappbare Sitz-/Liegebank, Klapptisch, Kühlbox und und und … Sie sollten sich näher befassen mit dem Pkw, in dem Sie schon am Montagmorgen auf dem besten Weg ins Wochenende sind«, texten die »Magnum«-Werbefachleute.

Doka Jagdwagen / TriStar

1986 zeigt Volkswagen als Syncro-PR-Studie die beim Fachpublikum Aufsehen erregende, allradgetriebene Doppelkabine »Magma« (mit Alu-Felgen, Seilwinde, Überrollbügel und »Carat«-Stoßfängern), um dem potentiellen Kunden die Aufrüst-Möglichkeiten des Basisfahrzeuges durch schicke Accessoires aus der vorhandenen Mehrausstattungs-Liste vorzuführen. Parallel dazu erfolgt sporadisch die Entwicklung eines ähnlich spektakulären »Jagdwagen«-Konzeptes auf dem Grundtyp »Doppelkabine Syncro«: »Kraftvolle Optik und leistungsstarke Technik sind die Merkmale dieser besonderen Fahrzeugvariante«; das Zubehör des (auf den beiden kleineren Fotos mit Überrollkäfig und Abdeckplane abgebildeten) »Jagdwagens« ist den finanziellen Möglichkeiten des Käufers entsprechend variabel bestellbar und wird in der KD-Werkstatt in Hannover montiert. Immer wieder in Einzelstücken hergestellt, entschließt man sich 1988 bei Volkswagen, diesen Spezialtyp der »Doppelkabine Syncro« in einer kleinen limitierten Serie aufzulegen (es werden der Nachfrage wegen dann doch immer wieder noch ein paar Exemplare mehr gebaut) und gibt der luxuriösen Kreation noch einen zugkräftigen Namen, der in die Zeit und zu anderen »T3«-Sonder-Editionen passt: »TriStar Syncro«.
Hatte der »Jagdwagen« noch die längs gesickten Bordwände des »Typ 247«, besitzt der »TriStar« die edleren Alu-Ladebordwände. Zulassungsrechtlich kann aus dem Lkw mit offener Pritsche ein zwei- bis fünfsitziger Pkw/Kombi werden; die linksseitige Kabinentür ist ebenso optional und kostenträchtig wie diverse Überroll-Schutzvorrichtungen, Frontbügel mit Seilwinden oder Ladeflächenplanen – serienmäßig sind Rechteckscheinwerfer, »Carat«-Stoßfänger, Radzierblenden, verbreiterte Kunststoff-Radläu-

Baureihe:	Transporter T3
	Limitierte Sonder-Editionen
Typ/Modell:	247 M314 Doppelkabine
	Syncro TriStar (Fünfsitzer 2-3)
Bauzeit:	als Jagdwagen ab Herbst 87,
	als TriStar ab Modelljahr 89
Motoren:	Kennbuchstab. DG, DJ, MV, JX
L x B x H:	4605 x 1870 x 1995 mm
	(Höhe ohne Zusatzaufbauten)
Anhängelast:	1500 bis 2500 kg je nach Motor
Anmerkungen:	auch 2- und 4-Sitzer möglich, andere Daten wie Doppelkabine bzw. Syncro-Ausführungen

fe mit schwarz lackiertem Seitenschweller-Bereich dazwischen und natürlich der doppelseitig zugängliche »Tresorraum« unter der Ladefläche (in der Forst-Ausführung übrigens der Platz für die »Waffenkasten-Schublade«).

Auf dem großen Bild holt gerade ein werkseigener 88er »TriStar« in relativ bescheiden gestyltem Outfit die Ikone der VW-Bus-Fahrer zu einer Ausstellung ab – den legendären taubenblauen »T1«-Bulli mit der Fahrgestellnummer 0010 aus dem AutoMuseum Wolfsburg; der sogenannte Prototyp (besser: Vorserienwagen) stammt als ältester erhalten gebliebener »Typ 2« bekanntermaßen vom März 1950 (und nicht, wie uns das Nummernschild glauben machen will, aus dem Jahre 1949).

Blue Star / White Star

1989 ist der »T3« technisch längst ausgereift und das Erscheinen der Nachfolger-Generation nur noch eine Frage der Zeit. Trotzdem zieht VW noch einmal alle (visuellen und Mehrausstattungs-)Register – und präsentiert im Frühjahr in einer Mischung aus »Caravelle GL« und »Multivan« die stilvolle Pkw-Kleinbusmix-Sonderserie »Blue Star«-Siebensitzer mit zahlreichen attraktiven Extras zu einem günstigeren Paketpreis. Abgesehen vom sportlich-eleganten Äußeren in »starblue-metallic«-farbenem Carat-Design hat der »Blue Star« im Fahrgastraum eine Sitz-/Liegebank, Seitenwand-Klapptisch sowie die entgegen der Fahrtrichtung eingebauten, demontierbaren Taxi-Klappsitze, um als Großraumlimousine eben nicht nur durch ästhetische Noblesse, sondern auch mittels Multifunktionalität brillieren zu können.

Wegen des grandiosen Erfolges dieses auffälligen »Transporters« folgt im Herbst 89 der pastellweiße »White Star« mit identischem Interieur nach – allerdings hebt sich dessen weißer Frontschriftzug weniger deutlich vom Untergrund ab...

Baureihe:	Transporter T3
	Limitierte Sonder-Editionen
Typ/Modell:	255 S735 Multivan Blue Star
	(April 1989 bis Herbst 90)
	255 S735 Multivan White Star (September 89 bis Herbst 90)
Motoren:	Kennbuchstaben MV, SS, JX
Getriebe:	5V + 1R
Höchstgeschw.:	138 km/h (bei SS-Motor)
	136 km/h (bei Automatik)
	127 km/h (bei JX-Motor)
Leergewicht:	1510–1580 kg
zul. GG.:	2390–2460 kg
Reifen:	205/70 R 14 C
L x B x H:	4605 x 1850 x 1960 mm
Anmerkungen:	Getriebeautomatik nur mit MV-Motor lieferbar; andere Daten siehe Caravelle bzw. Multivan

Last Limited Edition

Baureihe:	Transporter T3
	Limitierte Sonder-Editionen
Typ/Modell:	255 S735 Multivan
	Limited Last Edition
Bauzeit:	Februar bis Oktober 1992
Motoren:	Kennbuchstaben SS, JX
Anmerkungen:	andere Daten wie Blue Star

»Dies ist Ihre letzte Chance«, schreibt VW in Anzeigen und präzisiert: »Etwas Besonderes war er schon vom Start weg, der Multivan. Er prägte mit seiner Ausstattung eine völlig neue Fahrzeugart...und jetzt gibt es ihn noch einmal, ein allerletztes Mal in einer besonderen Ausstattung mit besonderer Optik, als Limited Last Edition. In Tornadorot und Orlyblau metallic.« Die dritte Transporter-Generation hat sich seit Ende 1990 längst aus Deutschland nach Graz in Österreich verabschiedet, wo man der anhaltenden Nachfrage wegen die »Syncro«-Allradversionen weiter fertigt, jedoch bis zum Oktober 92 auch noch über 18000 Hecktriebler montieren muss: darunter 2500 nummerierte »Raumwunder mit attraktivem Aufkleber und Zertifikat« (von VW-Chef und »Transporter«-Förderer Dr.Carl Hahn ausgestellt) – den »Limited Last Edition«.

Ausstattungsmäßig ein »Blue/White Star«, wird der »LLE« für die VW-Bus-Fans quasi im Eiltempo zum Klassiker; ist er doch als letztes serienmäßiges wie zeitlos modernes »T3«-Modell im gleichen Atemzuge konzeptionell ein Oldtimer in seinem Frontlenker/Heckmotor-Design, das VW mit ihm in einem grandiosen Schlussakkord enden lässt (und den 2500. »LLE« auch gleich ins werkseigene Wolfsburger Museum stellt).

Kleiner Hinweis am Rande: Einen »Red Star« gab es offiziell nie im Verkaufsprogramm von VW. Da aber mehr Bestellungen für tornadorote »LLE« eingingen, als für die limitierte Serie eingeplant, hat Volkswagen rund 800 zusätzliche Fahrzeuge ohne »LLE«-Insignien produziert, sie mit »Red-Star«-Aufklebern versehen und werksintern ausgeliefert. Aus dem gleichen Grund sind auch noch ein paar überzählige orly-metallicblaue 92er »Blue Stars« entstanden ...

T4: Baujahr 1990 bis 1995

Kastenwagen

Es ist vollbracht: im Sommer 1990 (während sich der »T3« auch Dank seiner Sonder-Editionen noch erstaunlich gut verkauft) stellt VW mit dem »T4« die nächste, nunmehr vierte »Transporter«-Generation vor: als modischen Kurzhauber mit quer eingebautem Frontmotor und -antrieb. Dieses veränderte, mit der bisherigen Tradition radikal brechende Konzept ermöglicht im »Kastenwagen« jetzt einen ebenen Ladeboden ohne störenden Motorkasten im Heck, verkürzt aber im Vergleich zu den »klassischen« Bullis die nutzbare Innenraum-Länge um über 30 cm. Volkswagen Nutzfahrzeuge (wie der relativ selbständige Unternehmens-Bereich im Konzern inzwischen heißt) bietet den »T4« aus Gründen der Modell-Variabilität gleich mit zwei Radständen bzw. Karosseriegrößen an und kompensiert auf diese Weise auch den Laderaum-Verlust. Das moderne Karosserie-Styling ist der neuen, ebenso an Pkw-Standards ausgerichteten Fahrzeug-Konzeption angepasst – eingefleischte »VW-Bus-Fans« müssen sich umgewöhnen.

Baureihe:	Transporter T4
Modell:	Kastenwagen KR (kurzer Radstand) Kastenwagen LR (langer Radstand, ab April 91)
Bauzeit:	September 90 bis Dez. 95
Motoren:	siehe T4-Tabelle S. 18–19
Antrieb:	Vorderräder
Getriebe:	5V + 1R
Bremsen:	Scheiben v, Trommel h
Höchstgeschw.:	Benziner 146–161 km/h Diesel 128–139 km/h
Leergewicht:	KR 1520–1595 kg mit Fahrer, LR 1570–1645 kg mit Fahrer
zul. GG.:	KR 2515–2810 kg LR 2565–2810 kg
Reifen:	185 R 14 (bis 1/94) 195/70 R 15 205/65 R 15
Radstand:	KR 2920 mm LR 3320 mm
L x B x H:	KR 4655 x 1840 x 1940 mm; LR 5055 x 1840 x 1940 mm
Anmerkungen:	Automatik- und Allradgetriebe optional, 15-Zoll-Fahrwerk bei 2,4- und 2,5-l-Motoren oder langem Radstand (ab 2/94 alle Fzg.)

Hochraum-Kastenwagen

Außen wie innen allen Vorgängern in Länge und Höhe überlegen, ist der »Hochraum-Kastenwagen« der vierten Generation die praxisgerechte Lösung für alle, die im Innenraum Stehhöhe benötigen oder großvolumiges Ladegut transportieren wollen. Endlich können durch die (optional auch erhöhte) Schiebetür rechts und vom Heck her Euro-Paletten geladen werden; über dem Fahrerhaus ist unter dem Kunststoff-Hochdach ein zusätzlich nutzbarer Stauraum – wegen der Schräge etwas kleiner ausgefallen als beim »T3«. Dafür hat sich die Zugänglichkeit von hinten extrem verbessert: serienmäßig hohe Flügeltüren (sogar ohne Fenster oder mit 270° Öffnungswinkel erhältlich) erlauben das Verfrachten auch ausladender Dinge,

Baureihe:	Transporter T4
Modell:	Hochraum-Kastenwagen
Bauzeit:	Dezember 91 bis Dez. 95
Höchstgeschw.:	Benziner 137–154 km/h Diesel 122–131 km/h
Leergewicht:	1620–1695 kg mit Fahrer
zul. GG.:	2565–2810 kg
Reifen:	195/70 R 15 205/65 R 15
Radstand:	3320 mm
L x B x H:	5055 x 1840 x 2430 mm
Laderaum:	L 2885 x B 1620 x H 1900 mm
Anmerkungen:	nur langer Radstand möglich; andere Daten wie Kastenwagen

und im auf Wunsch mit Hartfaserplatten verkleideten Innenraum sorgen Zurrösen für die notwendige Ladungssicherung.

Kombi

Wie bei den »Transportern« seit 1950 gewohnt, ist der »Kombi« das Arbeitspferd mit Doppelnutzen: für den Materialtransport wie – mit entsprechender Sitzeinrichtung – zur Beförderung von Personen gleichermaßen geeignet, wird auch dieser »T4« in zwei Radständen angeboten (was sowohl Lade-Kapazität wie Bestuhlungs-Flexibilität positiv beeinflusst). Serienmäßig mit dem vertrauten Durchgang zwischen den Fahrerhaussitzen, ohne hintere Seitenverkleidung und großer, nach oben schwingender Heckklappe geliefert, sind natürlich Doppelbeifahrerbank (ohne Durchgang), Hartfaser-Täfelung und die leicht von innen zu öffnende Doppelflügeltür – wie auf einem Bild gezeigt – auch für den »Kombi« geläufige Mehrausstattungs-Optionen. »T4« mit langem Radstand haben die ersten Jahre eine horizontale Einprägung (für eine Schiebetür-Führung) im linken hinteren Seitenteil.

Baureihe:	Transporter T4
Modell:	Kombi KR (kurzer Radstand) ab April 91 auch: Kombi LR (langer Radstand)
Bauzeit:	September 90 bis Dez. 95
Leergewicht:	KR 1520–1595 kg LR 1570–1645 kg
Anmerkungen:	Leergewicht jeweils mit acht Sitzen und ohne Fahrer; andere Daten wie Kastenwagen

Hochraum-Kombi

Baureihe:	Transporter T4
Modell:	Hochraum-Kombi
Bauzeit:	Dezember 91 bis Dez. 95
Höchstgeschw.:	Benziner 137–154 km/h
	Diesel 122–131 km/h
Leergewicht:	1620–1695 kg
zul. GG.:	2565–2810 kg
Reifen:	195/70 R 15
	205/65 R 15
Radstand:	3320 mm
L x B x H:	5055 x 1840 x 2430 mm
Laderaum:	L 2885 x B 1620 x H 1900 mm
Anmerkungen:	Leergewicht mit Sitzeinrichtung ohne Fahrer, nur LR möglich; andere Daten wie Kastenwagen

Wem der flache Blechdach-»Kombi« nicht zusagt, der bestellt sich die auf langem Radstand gefertigte »Hochraum«-Version: sie ist mit normaler wie auch ins Dach hinein ragender Schiebetür bestellbar (siehe Foto – Radvollblenden sind Sonderzubehör); im Heck allerdings ist serienmäßig die verglaste, große Doppelflügeltür montiert. Optionale seitliche und im Boden verankerte Verzurr-Vorrichtungen helfen bei der Befestigung des Transportgutes – da auch der »Hochraum-Kombi« in vielen Varianten mit und ohne Trennwände bzw. Fahrerhaus-Durchgang geliefert wird, ist dies vor allem bei Verwendung als Material-»Transporter« wichtig. »Die nahezu unbeschränkten Möglichkeiten der Bestuhlung auch für den Hochraum-Kombi lassen kaum noch Wünsche offen«, gibt der VW-Prospekt an, vom 2- bis 9-Sitzer (je nach Zulassungsrecht sogar bis zum 12-Sitzer) ist alles möglich.

Pritschenwagen / Tiefladepritsche

Das Kurzhauber-Konzept des »T4« bietet auch dem neuen »Pritschenwagen« erweiterte Typchancen – neben zwei Radständen ist obendrein eine Version mit niedrigerer Ladekante als »Tiefladepritsche« im Modellprogramm (nur mit langem Radstand; erkennbar an eckigen hinteren Kotflügeln bzw. der Radausschnitt-Erhöhung in der Ladeboden-Platte). Waren die früheren »Pritschenwagen« allesamt unterhalb der drei klappbaren Ladebordwände rundum voll verkleidet – dort befanden sich ja fast 40 Jahre lang Motor- und »Tresorraum« – liegt die ebenfalls laderampenhohe »T4«-Pritsche nun ohne abschließbaren »Keller« seitlich offen auf einem Querträger-Unterbau, der wiederum auf den Fahrgestell-Längsträgern montiert ist.

»Auch als Pritschenwagen setzt der Volkswagen Transporter Maßstäbe… Dank seiner Bauweise hat dieses Fahrzeug nicht nur großzügige Lademaße, es bietet auch dem Fahrer und zwei Mitfahrern bequem Platz«, verblüfft die VW-Werbebroschüre – drückt aber vielleicht nur ein wenig unglücklich aus, dass im Vergleich zur übrigen Fahrzeug-Klasse die neue »T4«-Fahrerkabine in Raum, Übersichtlichkeit, Ausstattung und Bedienkomfort an Pkw-Standard orientiert ist. Selbstverständlich gibt es gegen Mehrpreis auch wieder unterschiedlich hohe Verdeckplanen mit stabilen Spiegel-Gestellen, um die Ladung unabhängig von der Witterung transportieren zu können; mit serienmäßig ausgestatteten Bügel-Außenspiegeln ist der »Pritschenwagen« dafür bestens präpariert.

Baureihe:	Transporter T4
Modell:	Pritschenwagen KR
	(kurzer Radstand)
	Pritschenwagen LR
	Tiefladepritsche LR
	(langer Radstand ab April 91)
Bauzeit:	September 90 bis Dez. 95
Motoren:	siehe T4-Tabelle S. 18–19
Höchstgeschw.:	Benziner 128–145 km/h
	Diesel 115–124 km/h
Leergewicht:	KR 1470–1545 kg mit Fahrer; LR 1520–1595 kg mit Fahrer
zul. GG.:	KR 2465–2810 kg
	LR 2515–2810 kg
Radstand:	KR 2920 mm, LR 3320 mm
L x B x H:	KR 4845 x 1970 x 1910 mm; LR 5245 x 1970 x 1910 mm
Ladefläche:	KR 2505 x 1850 mm (L x B)
	LR 2905 x 1850 mm (L x B)
Höhe Ladekante:	Pritsche KR und LR 875 mm
	Tiefladepritsche LR 740 mm
Anmerkungen:	andere Daten wie Kastenwagen

Doppelkabine

»Ein Fahrzeug, das für unterschiedliche handwerkliche Einsätze ebenso geeignet ist, wie für den vielfältigen Einsatz im Kommunalbereich: die Doppelkabine«, so beschreibt VW sein erprobtes Kombinationsgefährt für Material, Gerät und kleine Arbeitstrupps auf langem »T4«-Radstand.

In der Grundversion ein zweisitziger Dreitürer (ohne hintere Bank in der dann als abschließbarem Laderaum dienenden Kabine), kann die »Doppelkabine« mittels weiterer Sitze und einer vierten Tür auf der linken Seite je nach Verwendungszweck bis zum Sechssitzer mit bequemen Zugangsmöglichkeiten aufgerüstet werden; es ist sogar (ohne Mehrpreis!) möglich, auf jegliche hintere Türen zu verzichten, falls man das Kabinenabteil als überdachten Transportraum nutzen will – dann ist dieser allerdings nur noch über den Durchgang zwischen den Fahrerhaus-Sitzen zu erreichen. »Universell und praxisgerecht«, wie ein »T4« nun mal sein soll, ist auch die »Doka« auf Wunsch mit Plane und Spriegel erhältlich.

Baureihe:	Transporter T4
Modell:	Doppelkabine
Bauzeit:	April 91 bis Dezember 95
Motoren:	siehe T4-Tabelle S. 18–19
Höchstgeschw.:	Benziner 132–149 km/h Diesel 117–126 km/h
Leergewicht:	LR 1590–1665 kg mit Fahrer
zul. GG.:	LR 2515–2810 kg
Radstand:	3320 mm
L x B x H:	5245 x 1970 x 1920 mm
Ladefläche:	2140 x 1850 mm (L x B)
Höhe Ladekante:	875 mm
Bordwandhöhe:	390 mm
Anmerkungen:	nur mit langem Radstand; andere Daten wie Kastenwagen

Fahrgestell / Doka-Fahrgestell (mit Fahrerhaus)

»Die Basis für Ihr Auto nach Maß: das Fahrgestell«, heißt es in der VW-Info-Broschüre. Was der »T3« nicht ohne komplexe Karosserie-Eingriffe (und auch nur in wenigen Sonderfällen) überstand, kann beim »T4« wegen seiner konzeptionellen Vorzüge relativ einfach bewerkstelligt werden – die Verwendung als Basisfahrzeug für Erweiterungen unterschiedlichster Art: die bereits vorhandenen Grundtypen »Pritschenwagen« und »Doppelkabine«, ohne Ladepritsche und leicht modifiziert, werden so zum »Fahrgestell mit Fahrerhaus«; sie verfügen über stabile Rahmen mit »glattem Obergurt, auf denen sich Aufbauten leicht montieren lassen«.

Baureihe:	Transporter T4
Typ/Modell:	Fahrgestell mit Fahrerhaus KR (kurzer Radstand), Fahrgestell mit Fahrerhaus LR (langer Radstand; ab April 91) Fahrgestell mit Doppelkabine (langer Radstand; ab April 91)
Bauzeit:	September 90 bis Dez. 95
Motoren:	siehe T4-Tabelle S. 18-19
Leergewicht:	KR 1315–1390 kg mit Fahrer; LR 1340–1415 kg mit Fahrer; Doka 1460–1535 kg mit Fahrer
zul. GG.:	KR 2465–2810 kg LR/Doka 2515–2810 kg
Radstand:	KR 2920 mm LR/Doka 3320 mm
L x B x H:	KR 4710 x 1840 x 1910 mm; LR 5110 x 1840 x 1910 mm; Doka 5110 x 1840 x 1920 mm
Anmerkungen:	andere Daten wie Kastenwagen

Caravelle / Caravelle GL

War früher der VW-Bus nur ein »Raumtransporter zum Fahren«, ist der neue »Caravelle« nach dem Generationswechsel in der Volkswagen-Werbung als »Quintessenz aus Raum und Eleganz – ein Auto zum Wohlfühlen... im Trend der 90er Jahre« – was immer das heißen mag; der »T4«-Siebensitzer ist jedenfalls eine aerodynamisch geformte Großraum-Limousine, die wie gehabt gegen Mehrpreis auch als Sechs- bis Neunsitzer geordert werden kann. In den beim »T4« üblichen zwei Karosserie-Längen gebaut, gibt es darüber hinaus zwei Ausstattungs-Varianten: den normalen »Caravelle« (äußerlich an den schwarzen Kunststoff-Stoßfängern erkennbar) und den luxuriöseren »Caravelle GL« (mit schwarz abgesetztem Streifen unter der Frontscheibe und in Wagenfarbe lackierten Stoßfängern). Die Serien-Aufmachung der »Caravelle«-Typen ist, wie man das bei VW kennt, durch viele praktische und/oder dekorative Details aus dem überaus

Baureihe:	Transporter T4
Modell:	Caravelle (KR)
	Caravelle (LR ab 10/91)
	Caravelle GL (KR)
	Caravelle GL (LR ab 10/91)
Bauzeit:	Oktober 90 bis Dez. 95
Motoren:	siehe T4-Tabelle S. 18–19
Antrieb:	Vorderräder
Getriebe:	5V + 1R
Bremsen:	Scheiben v, Trommel h
Höchstgeschw.:	Benziner 144–158 km/h
	Diesel 128–137 km/h
Leergewicht:	KR 1565–1640 kg
	LR 1665–1740 kg
zul. GG.:	KR 2465–2700 kg
	LR 2565–2800 kg
Radstand:	KR 2920 mm
	LR 3320 mm
L x B x H:	KR 4655 x 1840 x 1940 mm; LR 5055 x 1840 x 1940 mm
Anmerkungen:	Fahrwerks-Tieferlegung mögl. bei KR um ca. 25 mm, zul. GG dann nur 2365–2440 kg; andere Daten wie Kastenwagen

umfangreichen Sonderzubehör-Programm wunschgemäß (und kostenträchtig) optimierbar – z.B. statt der großen rückwärtigen Klappe die Doppelflügeltür im Heck, verschiedenartige Alu-Felgen, Anhängerkupplung, Nebelscheinwerfer, seitliche Schiebefenster und Glashebedächer usw.

Dass auch ein »Caravelle GL« ohne beschwerlichen Ausbau der mittleren Sitzbank zum brauchbaren »Transporter« werden kann, zeigt die zum Beispiel 93 für umgerechnet 600.- Euro erhältliche Sonder-Ausstattung »hintere Dreier-Sitzbank (wickelbar) mit Lade-/Liegeboden im Fahrgastraum« – wenn auch nur für »T4« mit kurzem Radstand und in Verbindung mit einer kostspieligen Klimaanlage, die wiederum nur mit stärkeren (und natürlich auch nicht gerade billigen) Motoren kombinierbar ist... »Eleganz, Komfort, Variabilität und größtmöglicher Nutzen – im Caravelle GL ist alles überzeugend vereint«, liest man dazu nachdenklich im Prospekt.

Multivan

Als VW im Herbst 1985 auf dem Caravan-Salon in Essen den »Multivan« (damals noch auf »T3«) vorstellte, war der bald einsetzende Markterfolg dieses Fahrzeugtyps noch nicht abzuschätzen – der »voll im Trend liegende Multivan« entwickelte sich jedoch rasch zum beliebtesten Großraum-Pkw in Deutschland. Konzipiert als vielseitiger Sechssitzer (2-1-3) für fast jeden familiären Bedarf und zum Alltags-Gebrauch, eignet er sich für den Weg zur Arbeit, zum Einkaufen oder Lastentransport ebenso wie für Freizeit, Hobby und Ausflüge, ja sogar für den Urlaub: bis Ende 1995 verkauft er sich (»T3«/»T4« zusammenaddiert) deshalb über 100.000 Mal.

Von Volkswagen angepriesen als »das Erlebnisauto für viele schöne Stunden und Spielraum für alles« ist der »Multivan« der vierten, frontgetriebenen »Transporter«-Generation (abgesehen vom deutlich kürzeren Innenraum) tatsächlich ähnlich funktional wie sein Heckmotor-Vorgänger; durch das im »T4« jedoch leistungsstärkere und verbrauchsgünstigere Motorenprogramm eindeutig alltagstauglicher.

Baureihe:	Transporter T4
Modell:	Multivan
	Multivan mit Aufstelldach
Bauzeit:	Juni 91 bis Dezember 95
	(mit Aufstelldach ab 3/92)
Motoren:	siehe T4-Tabelle S. 18–19
Höchstgeschw.:	Benziner 144–158 km/h
	Diesel 128–137 km/h
Leergewicht:	1705–1780 kg
	mit Aufstelldach plus 30 kg
zul. GG.:	2505–2810 kg
Reifen:	195/70 R 15
Radstand:	2920 mm
L x B x H:	4655 x 1840 x 1920/1985
	mm (Flachdach/Aufstelldach)
Liegebankmaße;	L 1830 x B 1560 mm
Schlaffläche im AD:	L 1840 x B 1070 mm
Anmerkungen:	nur mit kurzem Radstand und 15-Zoll-Fahrwerk; zul. GG. begrenzt auf 2505 kg bei Tieferlegung; andere Daten wie Kastenwagen

Im Fahrgastraum serienmäßig mit fahrzeugbreiter 3er-Sitz-/Liegebank, Seitenklapptisch, rückwärts gerichtetem Armlehnen-Einzelsitz mit integriertem Kühlbox-Unterteil und anknöpfbaren Gardinen ausgestattet, kann der »Multivan« auch in der Ausführung mit Aufstelldach gewählt werden – dann gibt es im »ersten Stock« eine zusätzliche Schlaffläche für zwei Personen (und eventuell einen Hängestauschrank darunter). Wie auf den kleineren Bildern erkennbar, bietet die körpergerecht ausgeformte Dreierbank des »Multivan« den Mitfahrern eine auch auf länge- ren Strecken bequeme Sitzposition mit vergleichsweise gutem Seitenhalt gegenüber den durchgehend ebenen Sitzflächen bzw. Rückenlehnen der üblichen Campingbus-Sitzbänke; bei Verwendung als Bett allerdings sind sitzunterstützende Polsterwülste und vor allem die bauteilbedingten Querfugen für entspanntes Schlafen eher nachteilig. Na, wer will in einem »Erlebnisauto« schon schlafen...

Multivan Allstar / Multivan Classic

»Ist es beim Multivan Allstar mit seinen markanten Schriftzügen und den modernen Sitzbezügen mehr ein sportives Design, so beeindruckt der Multivan Classic durch ein betont elegantes Erscheinungsbild«, charakterisiert VW die beiden in Funktion dem bekannten »Multivan« gleichenden Sondermodelle »Allstar« und »Classic«, die sich vom Grundtyp durch ihr äußeres Styling, ihr edleres Ausstattungsniveau und das Bestuhlungssystem unterscheiden: beide Fahrzeuge sind Siebensitzer (2-2-3) mit zwei praktischen, nach rückwärts gerichteten und leicht demontierbaren Armlehnen-Einzelklappsitzen hinter dem Fahrerhaus.

Baureihe:	Transporter T4
Modell:	Multivan Allstar
	Multivan Classic
Bauzeit:	Okt. 92 bis Dez. 95
	Sept. 93 bis Dez. 95
Motoren:	siehe T4-Tabelle S. 18–19
Höchstgeschw.:	Benziner 144–161 km/h
	Diesel 128–137 km/h
Leergewicht:	1705–1780 kg
zul. GG.:	2515–2590 kg
Reifen:	205/65 R 15
L x B x H:	4655 x 1840 x 1920 mm
Anmerkungen:	nur kurzer Radstand möglich, kein Aufstelldach, tiefer gelegt, schwarz abgesetzter Streifen unter Frontscheibe bzw. an B- und C-Säule serienmäßig; andere Daten wie Multivan

California mit Aufstelldach / Hochdach

Baureihe:	Transporter T4
Modell:	California mit Aufstelldach
	California mit Hochdach
Bauzeit:	Oktober 90 bis Sept. 92
Motoren:	siehe T4-Tabelle S. 18–19
Antrieb:	Vorderräder
Getriebe:	5V + 1R
Bremsen:	Scheiben v, Trommel h
Höchstgeschw.:	mit Aufstelldach 126–158 km/h; mit Hochdach 116-147 km/h
Leergewicht:	1975/2035–2050/2110 kg (Aufstelldach/Hochdach)
zul. GG.:	2725–2800 kg
Reifen:	195/70 R 15
Radstand:	2920 mm
L x B x H:	4655 x 1840 x 1990/2570 mm (Aufstelldach/Hochdach)
Bettenmaß unten:	L 1940 x B 1170 mm
Schlaffläche im AD:	L 1840 x B 1070 mm
Schlaffläche im HD:	L 1900 x B 1090 mm
Anmerkungen:	nur mit kurzem Radstand und 15-Zoll-Fahrwerk, Automatik und Allradgetriebe optional

Die Westfalia-Werke, über dreißig Jahre lang der »Campingwagen«-Partner von VW, bieten nach dem Ende der »Joker«-Generation keinen eigenen Camper mehr auf VW-Basis an, sondern bauen den »T4« in Wiedenbrück zum Volkswagen-Reisemobil »California« aus. Der seit Mitte der 70er Jahre noch vom »T2« her bekannte und für die klassischen Heckmotor-»Transporter« relativ ideale Möblierungs-Grundriss »Berlin« (sämtliche Schrank- und Kücheneinbauten linksseitig an der Außenwand, variabler Tisch und Klappsitzbank mittig im Wohnbereich, nach hinten das notwendige Bett-Verlängerungspolster), kann den fahrzeugbedingt kürzeren »T4«-Innenmaßen angepasst werden – auf nur 4 m² Grundfläche sind Wohn- und Schlafbereich analog zu den Vorgängern eingerichtet, mit dem Vorteil eines geräumigen Stauabteils unter dem hinteren Bettpolster (wo ja nun kein Motor mehr darunter verborgen ist).
Die Stehhöhe schaffenden (Schlaf-)Dachaufbauten allerdings fordern den Konstrukteuren wegen der im »T4« auch deutlich kürzeren Dachlänge mehr Ideen ab: um Platz für ein Bett im Obergeschoss zu erhalten, verzichtet der Aufstelldach-»California« auf eine Gepäckwanne, und die feste Hochdach-Ausführung kommt um einen optisch umstrittenen Alkoven-Erker über der Frontscheibe nicht herum.

California Coach mit Aufstelldach / Compactdach

Baureihe:	Transporter T4
Modell:	California Coach mit Aufstelldach; California Coach mit Hochdach
Bauzeit:	Oktober 92 bis Dez. 95
Anmerkungen:	andere Daten wie California

Nach rund zwei Jahren ist Ende 1992 der Modell-Wechsel aller »Transporter«-Versionen (bis auf die Allrad-Ausführung) zum »T4« vollzogen und die »T3«-Produktion auch in Graz/Österreich beendet; es wird Zeit für die ersten größeren »Modellpflege«-Maßnahmen bei den Freizeitmobilen. Dazu wird die »California«-Reihe erst einmal begrifflich mit dem Zusatzetikett »Coach« aufgewertet, und das hintere Fenster im linken Seitenteil entfällt (im Innenraum befindet sich dort sowieso nur der Kleiderschrank); modisch farbige Applikationen dekorieren von nun an die ansonsten leere Fläche. Einbau-Grundriss und Varianten Aufstelldach mit Faltenbalg bzw. Alkoven-Hochdach bleiben jedoch unangetastet.

California Coach

Drehsitze — Tisch — Sitzbank verschiebbar — Frischwassertank — Bettverlängerung (Gepäckraum) — Stauraum — Spüle-, Kocher-Kombination — Kompressor Kühlbox — Abwassertank — Kleiderschrank (oben) Zusatzbatterie (unten)

Zum 150jährigen Jubiläum von Westfalia wird 1994 von VW das auf 500 Stück limitierte Sondermodell »Highway« mit komplettierter »California«-Ausstattung (und spezieller »Jubilee«-Plakette) vorgestellt; sein neu eingeführtes, optionales GfK-»Compact-Dach« ist danach auch für die »Coach«-Typen verfügbar. Ohne obere Schlafplätze (und die Alkoven-Beule), dafür mit zusätzlichem Stauraum, ermöglicht es dem 2-Personen-Mobil großzügige Stehhöhe.

Baureihe:	Transporter T4
Modell:	California Coach mit Compact-Dach
Bauzeit:	Herbst 1994 bis Dez. 95
Höchstgeschw.:	125–155 km/h
Leergewicht:	2035–2110 kg
zul. GG.:	2725–2800 kg
Reifen:	205/65 R 15
Radstand:	2920 mm
L x B x H:	4655 x 1840 x 2385 mm
Anmerkungen:	lackierte Stoßfänger, Leichtmetall-Räder und Glashebedach optional; andere Daten wie California

California Club / Tour

Baureihe:	Transporter T4
Modell:	California Club
	California Tour
Bauzeit:	Oktober 92 bis Herbst 94
	Dezember 92 bis Herbst 94
Höchstgeschw.:	116–144 km/h
Leergewicht:	2155–2230 kg
zul. GG.:	2750–2800 kg
Radstand:	3320 mm
L x B x H:	5055 x 1840 x 2655/2570 mm; (Club/Tour)
Bettenmaß unten:	L 1940 x B 1150/1170 mm
Schlaffläche oben:	L 2060/1920 x B 1090 mm (Club/Tour)
Anmerkungen:	nur mit langem Radstand; andere Daten wie California

Bisher hatte VW die »California«-Reisemobile nur auf kurzem Radstand angeboten; der schon 1990 zur »T4«-Präsentation gezeigte »Atlantic«-Prototyp mit langem Radstand, hinten angeschlagenem Aufstelldach und anderer Einrichtungsskizze wurde in dieser Ausführung nicht realisiert – aber intern weiter entwickelt, bis man im Herbst 1992 gleich zwei längere VW-Reisemobile vorgestellen kann, erst den »California Club«, kurz darauf den »Tour«. Beide sind sich äußerlich wegen ihres festen GfK-Hochdaches (bis auf die Lüfterhaube auf dem »Club«) recht ähnlich; innen folgen sie aber völlig unterschiedlichen Möblierungskonzepten: während der »Tour« das verlängerte Wohnabteil lediglich mit mehr Raumkomfort für den bekannten »Coach«-Grundriss (mit erweiterter Küchenzeile und heckseitigem Dachbett) nutzt, greift der »Club« die »Atlantic«-Idee von 1990 mit zum Bett umbaubarer vorderer Sitzgruppe und Heckküche wieder auf (das Dachbett ist dann bugseits angeordnet).

Das Foto zeigt einen 93er »California Tour« mit Fahrradträger und Dachmarkise; die Felgenblenden sind Serienausstattung.

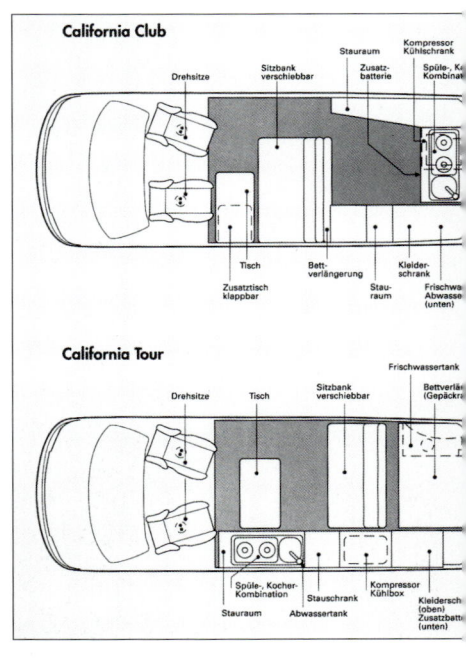

California Exclusive

Baureihe:	Transporter T4
Modell:	California Exclusive
Bauzeit:	Januar bis Dezember 95
Höchstgeschw.:	125–155 km/h
Leergewicht:	2215–2290 kg
zul. GG.:	2800 kg
Reifen:	205/65 R 15
Radstand:	3320 mm
L x B x H:	5055 x 1840 x 2885 mm
Bettenmaß unten:	L 1890 x B 1120 mm
Schlaffläche oben:	L 2000 x B 1070 mm
Anmerkungen:	nur mit langem Radstand; andere Daten wie California

Mit dem hochwertig ausgestatteten Schwergewicht »California Exclusive« erscheint das Spitzenmodell der VW-Reisemobile (das von der VW Werbung »in seiner Alltagstauglichkeit als Alternative zum konventionellen Pkw« doch ein wenig überzogen dargestellt wird). Handlichkeit, Fahrkomfort und Sicherheit – an anderen Wohnmobilen dieser Ausstattungsklasse gemessen – sind hervorragend, allerdings auch der damals durchschnittliche Anschaffungspreis von rund 35.000 Euro …
Anstelle der typischen »T4«-Heckklappe hat der funktionelle »Exclusive« eine durchgehende GfK-Rückwand (mit Serviceöffnung); das feste Schlafhochdach mit zwei Ausstellfenstern schließt daran ebenso nahtlos an wie die beiden aus Gestaltungsgründen schwarzen Seitenfenster-Blenden. Die Einrichtung orientiert sich am »California Club«, hat aber statt der Heckküche einen schmalen Sanitärraum mit Chemietoilette, Klappwaschbecken und Kleiderschrank eingebaut.

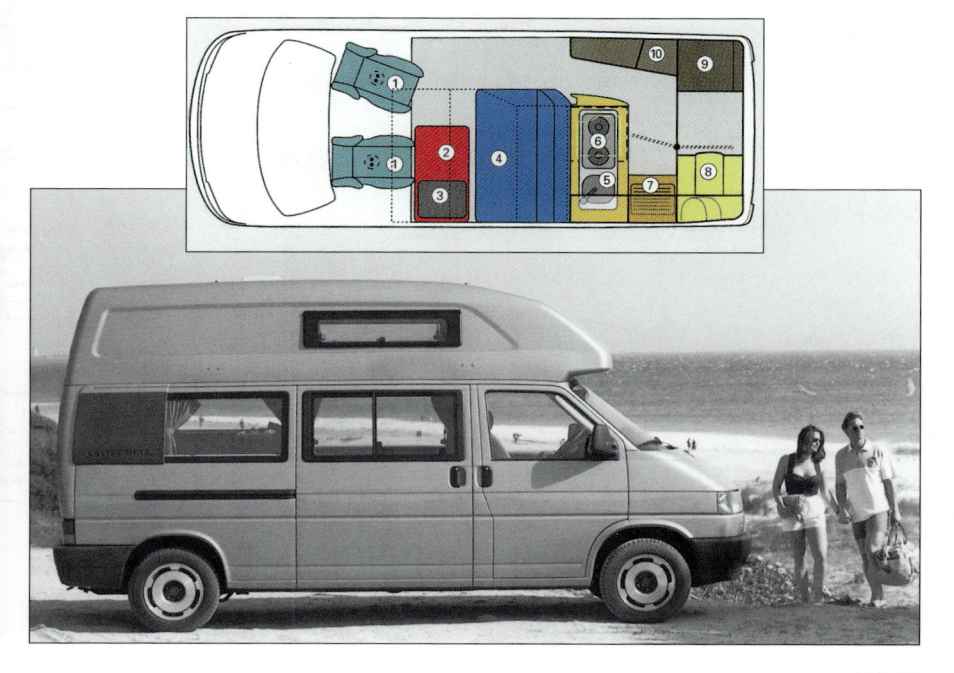

Syncro-Ausführungen

Der permanente Allradantrieb für den »T4« beruht auf dem bei Volkswagen schon seit Mitte der 80er Jahre im »T3« verwendeten »Syncro«-Konzept – nur umgekehrt: der Kraftfluss verläuft beim »T4« vom vorn liegenden Schaltgetriebe über die Kardanwelle zur Visco-Kupplung an der Hinterachse und zum dortigen Differential. Den Traktionsverhältnissen angepasst, wird die Zugkraft durch die selbstsperrende, silikongefüllte Visco-Kupplung jederzeit (und ohne Bedienung durch den Fahrer) synchron auf beide Achsen verteilt. »Syncro«-Ausführungen fallen im Straßenverkehr nur noch durch ihre Schriftzüge vorn und hinten auf; bei manchen Typen müssen die Reserveräder jetzt außen am Heck befestigt werden (da an ihrem alten Unterbringungsort jetzt der Hinterachsantrieb sitzt).

Baureihe:	Transporter T4
Modell:	alle Varianten der Grundtypen
	Kastenwagen Syncro
	Kombi Syncro
	Pritschenwagen Syncro
	Doppelkabine Syncro
	Caravelle Syncro
	Multivan Syncro
	California Syncro
Bauzeit:	Februar 93 bis Dez. 95
Motoren:	siehe T4-Tabelle S. 18–19
Allrad-Antrieb:	permanent bzw. automatisch
Getriebe:	5V + 1R
Höchstgeschw.:	Benziner 143–159 km/h
	Diesel 124–135 km/h
Leergewicht:	ca.100 kg mehr als 4x2-Typen
zul. GG.:	bis höchstens 2810 kg
Radstand:	kurz und lang
L x B x H:	wie entspr. 4x2-Modelle
Anmerkungen:	Differentialsperre hinten mögl.; andere Daten entsprechend der 4x2-Grundtypen

Allradspezifische Teile

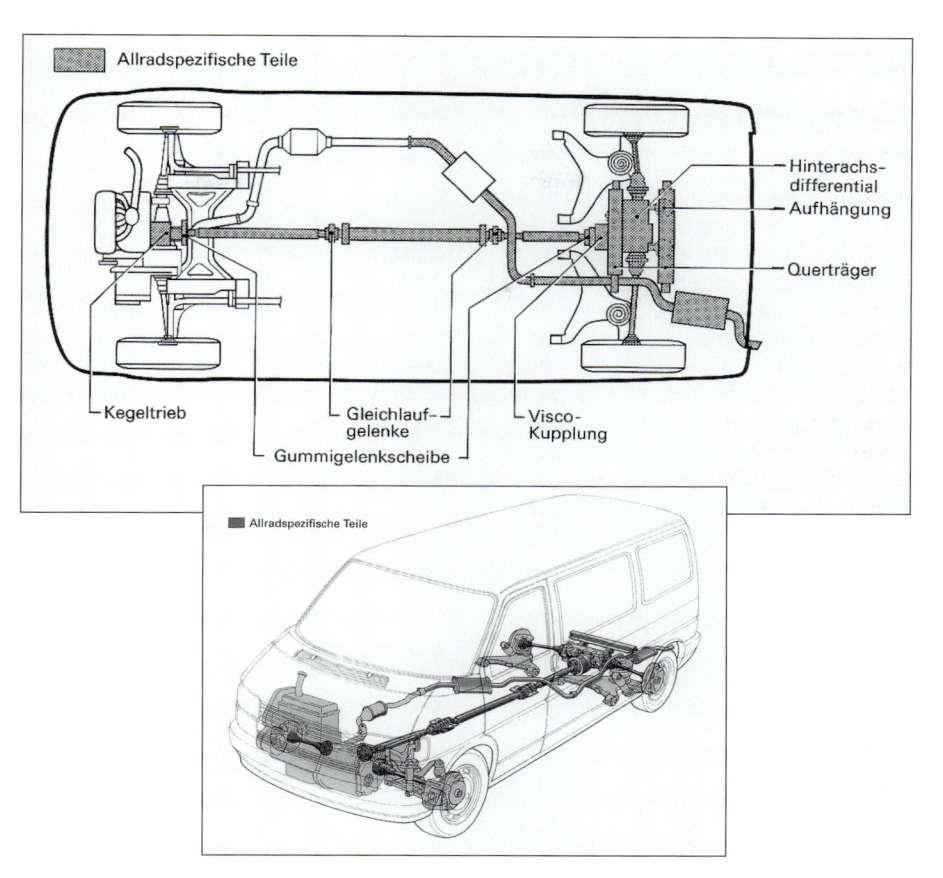

- Kegeltrieb
- Gleichlaufgelenke
- Gummigelenkscheibe
- Visco-Kupplung
- Hinterachsdifferential
- Aufhängung
- Querträger

Allradspezifische Teile

Krankenwagen-Grundmodell

Im werkseigenen »Sonderwagenbau« vor vierzig Jahren erstmals gebaut, hat sich der Frontlenker-»Kranken-Transporter« von damals mit dem seit 1990 in der Spezialabteilung der Kundendienst- Werkstatt in Hannover zum KTW umgebauten neuen »T4«-Kurzhauber nicht nur äußerlich radikal gewandelt: ohne einengenden Heckmotor-Kasten kann der (je nach Radstand verkürzte bzw. in etwa gleich große) Transportraum praxisgerechter und damit variabler gestaltet werden.

Die Abbildung zeigt ein 90er »KTW-Grundmodell« auf kurzem Radstand mit linksseitiger Krankentragen-Schiebebühne (vor dem hier unsichtbaren, hohen Sanitätsschrank) sowie mit rückwärts eingebautem Begleiter-Klappsitz an der Fahrerhaus-Trennwand; das hoch geschwenkte Beladeblech ist für einen nun heckseits einschiebbaren Kranken-Tragesessel vorgesehen.

Baureihe:	Transporter T4 Sonderausführungen
Modell:	Krankentransportwagen KR (Grundmodell KTW LR ab 4/91)
Bauzeit:	September 90 bis Dez. 95
Motoren:	siehe T4-Tabelle S. 18–19
Antrieb:	Vorderräder
Getriebe:	5V + 1R
Höchstgeschw.:	Benziner 145–160 km/h Diesel 128–139 km/h
Leergewicht:	KR 1895–1955 kg mit Fahrer LR 1945–2005 kg mit Fahrer
zul. GG.:	2435–2800 kg
Reifen:	195/70 R 15
Radstand:	KR 2920 mm LR 3320 mm
L x B x H:	KR 4655 x 1840 x 2205 mm; LR 5055 x 1840 x 2205 mm jeweils mit Sondersignalanlage
Krankenraum KR:	L 2485 x B 1620 x H 1415 mm
Krankenraum LR:	L 2885 x B 1620 x H 1415 mm
Anmerkungen:	Automatik- und Allradgetriebe optional, langer Radstand auch mit Hochdach möglich; andere Daten wie Kastenwagen

Feuerwehr-MTW / ELW

Auch die »Transporter«-Grundmodelle auf »T4« für Feuerwehren werden weiterhin im Hannoveraner Sonderfahrzeugbau gefertigt; ab Februar 1993 auch in der »Syncro«-Allradversion. Spezielle Mannschaftstransport-, Mehrzweck- oder Führungs-Fahrzeuge etc., »feuerrot« in RAL 3000 lackiert mit »reinweißen« Stoßfängern und »rallyeschwarzen« Stahlrädern (vgl. 94er ELW 1) oder mit Tagesleuchtfarben-Grundierung, Dachblinkern, Tonfolge-Starktonhörnern oder Rundum-Tonkombinationen, einzeln stehenden Blaulichtern, Blitzleuchten oder Blaulichtbalken, Frontgrill-»Straßenräumer«-Doppelblitzern – nahezu alle Ausrüstungswünsche können realisiert werden, außen wie innen: individuelle Sitzplatz-Varianten oder Möblierungen stehen ebenso zur Wahl wie regional genormte Einsatzfahrzeug-Lösungen.

Baureihe:	Transporter T4 Sonderausführungen
Modell:	Grundmodell Feuerwehr Einsatzleitwagen (ELW 1)
Bauzeit:	September 90 bis Dez. 95 (mit langem Radstand ab 4/91)
Motoren:	siehe T4-Tabelle S. 18–19
Leergewicht:	KR ca.1650–1750 kg mit Fahrer; LR ca.1700–1800 kg mit Fahrer (bei Automatik plus 30 kg, bei Allrad-Ausführung plus 100 kg)
zul. GG.:	KR 2515–2810 kg LR 2565–2810 kg
Reifen:	195/70 R 15
Radstand:	KR 2920 mm LR 3320 mm
L x B x H:	KR 4655 x 1840 x 2205 mm; LR 5055 x 1840 x 2205 mm jeweils mit Sondersignalanlage
Anmerkungen:	ohne feuerwehrtechnische und Fernmelde-DIN-Ausstattung, Automatik- und Allradgetriebe optional, langer Radstand auch mit Hochdach möglich; andere Daten wie Kastenwagen

Polizei-Unfallaufnahmefahrzeug

Im Angebot der Kundendienstwerkstatt Hannover sind neben Schulbussen, Behinderten-, Taxi-, Behörden- oder Einsatzfahrzeugen auf »T4«-Grundtypen auch Funkstreifen- oder Unfallaufnahmewagen für die Polizei lieferbar; ob in Kleinserie oder individueller Einzelanfertigung, »die Ausstattung folgt der Aufgabe« (KD-Werkstatt-Werbebroschüre).
Entsprechend den jeweiligen Ländervorschriften in unterschiedlicher Farbgebung, ist das (hier repräsentativ für andere Polizei-»T4« gewählte) »Unfallaufnahmefahrzeug« in der Regel mit der »Kommandowagen-Ausstattung« versehen: halbhohe Fahrerhaus-Trennwand, Sitzbänke im Fahrgastraum in Konferenz-Stellung, dazwischen Klapptisch mit Transistorleuchte, Gepäcknetz hinten.

Baureihe:	Transporter T4 Sonderausführungen
Modell:	Polizei-Unfallaufnahmefahrzeug
Bauzeit:	September 90 bis Dez. 95 (mit langem Radstand ab 4/91)
Motoren:	siehe T4-Tabelle S. 18–19
Leergewicht:	KR ca.1600–1700 kg mit Fahrer; LR ca.1650–1750 kg mit Fahrer (Mehrgewicht bei Automatik-Getriebe 30 kg, beiAllrad-Ausführung 100 kg)
zul. GG.:	KR 2515–2810 kg LR 2565–2810 kg
Reifen:	195/70 R 15
Radstand:	KR 2920 mm LR 3320 mm
L x B x H:	KR 4655 x 1840 x 2205 mm; LR 5055 x 1840 x 2205 mm jeweils mit Sondersignalanlage
Anmerkungen:	Automatik- und Allradgetriebe optional; andere Daten wie Kastenwagen

Großraum-Taxi

»Profitieren Sie von Zusatzgeschäften, wo andere passen müssen. Mit dem Großraum-Taxi können Zusatzaufträge und damit Zusatzgeschäfte problemlos abgewickelt werden«, weist die VW-Werbung diskret auf die Vorzüge dieses besonders modifizierten »T4« für das Mietwagen-Gewerbe hin: die Taxi-Ausführung hat nämlich einen großen (oder bei entsprechendem Radstand einen noch größeren) Transportraum mit variablem Sitzangebot für bis zu acht Mitfahrer.

Sind an Stelle der mittleren Sitzbank die (mittels Schnellverschlüssen leicht herausnehmbaren) »Einzel-Klappsitze« eingebaut, ist das »Großraum-Taxi« in Verbindung mit Rollstuhl-Auffahrrampen und -Befestigungsschienen sogar für die Mitnahme körperbehinderter Fahrgäste prädestiniert.

Baureihe:	Transporter T4 Sonderausführungen
Modell:	Großraum-Taxi
Bauzeit:	September 90 bis Dez. 95 (mit langem Radstand ab 4/91)
Motoren:	siehe T4-Tabelle S. 18–19
Leergewicht:	KR ca.1650–1750 kg mit Fahrer; LR ca.1700–1800 kg mit Fahrer (Mehrgewicht bei Automatik-Getriebe 30 kg, bei Allrad-Ausführung 100 kg)
zul. GG.:	KR 2465–2700 kg LR 2565–2800 kg
L x B x H:	KR 4655 x 1840 x 2045 mm; LR 5055 x 1840 x 2045 mm (mit Taxi-Dachzeichen)
Anmerkungen:	Automatik- und Allradgetriebe optional; andere Daten wie Caravelle oder Kastenwagen

Autotransporter / Verkaufswagen

Bereits mit dem Start der »T4«-Generation hat die Zahl individueller Transportlösungen namhafter branchenspezifischer Auf- und Ausbau-Fremdfirmen deutlich zugenommen: das aktuelle Frontantrieb-Fahrzeugkonzept und insbesondere das Angebot von Fahrgestellen unterschiedlicher Radstände zeichnet verantwortlich für die sprunghaft steigende Variationsbreite der Serienprogramm-Ergänzungen. Beispielhaft für »Transporter«-Sonderausführungen auf »Fahrgestell mit Fahrerhaus« werden hier das Bäcker-Verkaufsmobil von Borco-Höhns, Rotenburg (mit Vollaluminium-Aufbau, Heckeinstiegs- bzw. Ladetür und Fahrerhaus-Hochdachversion mit hohem Durchstieg zum Verkaufsraum) und der elektrohydraulisch abknickbare Autotransporter von Eder aus Tuntenhausen (mit Alu-Ladefläche, integrierter Seilwinde und hydraulisch einfahrbarer Laderampe) vorgestellt.

Baureihe:	Transporter T4 Sonderausführungen
Modell:	Fahrgestell mit Fahrerhaus KR als Autotransporter Fahrgestell mit Fahrerhaus LR als Bäcker-Verkaufsmobil
Bauzeit:	ca. 1992 bis Dez. 95
Leergewicht:	Autotransporter ca. 2000 kg Verkaufsmobil ca. 2300 kg
zul. GG.:	Autotransporter 3500-4000 kg, Verkaufsmobil 2800 kg
L x B x H:	Autotransporter 7350 x 2090 x 1980 mm (ohne Warnleucht.-Konsole) Verkaufsmobil 5570 x 2230 x 2690 mm
Anmerkungen:	andere Daten vgl. Kastenwagen

Kamei Club-Van / Dehler Profi GL

Baureihe:	Transporter T4 Sonderausführungen
Modell:	Caravelle GL kurzer Radstand als »Kamei Club Van« Kombi kurzer Radstand als »Dehler Profi GL« (bis 93/94)
Bauzeit:	ca. 1991 bis 1995
Leergewicht:	Club Van ca. 1700 kg Profi GL ca. 2000 kg
zul. GG.:	Club Van 2540 kg Profi GL 2640 kg
L x B x H:	Club Van 4655 x 1840 x 1920 mm Profi GL 4955 x 1840 x 2165 mm
Anmerkungen	15-Zoll-Alu-Felgen mit anderen Reifenbreiten; weitere Daten vgl. Caravelle bzw. Kombi

Zwei relativ frühe »Exoten« aus Wiesbaden und Meschede-Freienohl stehen hier exemplarisch für die Veredelung der Personen-»Transporter« oder Büro- und Reisemobile auf »T4«-Basis durch Fremdfirmen. Während der Hesse auf Basis des »Caravelle GL« mit seinem »formintegrierten Car-Styling-Kit« (Kunststoff-Beplankung rundum mit Leichtmetall-Felgen und Radlauf-Verbreiterung, Dachspoiler, Heckschürze und Grillblende) innerlich zum doch insgesamt ziemlich seltenen »Club Van« mutiert (mit sechs Einzelsitzen, Fußstützen, Klapptischen, Schrankfächern und »integrierter Heißgetränkebar«), spielt der Sauerländer, schon von der eigenen Fahrzeug-Geschichte her, in der nächst höheren Liga: Dehler hatte nämlich auf »T3«-Basis mit seinem »Profi« bereits rund zehn Jahre lang ein attraktives Mobil gestaltet, dessen klassisches Dach-Design unübertroffen war – und eines exklusiven, vielseitigen Nachfolgers bedurfte: dem »Profi GL«.

Im Unterschied zu dem ebenso auf Kurzradstand-»Kombi« aufbauenden Freizeit-Schwestermodell »Maxivan« erhält der »Profi GL« als Reise- und Konferenzmobil einen verlängernden Kunststoff-Heckanbau, um dort wahlweise »die perfekte Profi-Küche mit Gaskocher und Spüle« oder »das kompakte Chefbüro mit Platz für Computer...« unterzubringen. Das Interieur ist mit innovativen Ausstattungsideen eines Yacht-Konstrukteurs verfeinert (multifunktionale Einzelsitze, zusätzliche Dachbett-»Rohrkojen«, Tuchschränke und Mini-Sanitärzelle); die äußere Erscheinung besticht neben Sonderlackierung, Alurädern und dekorativen Kunststoff-Formteilen durch ein elegant gestyltes, angeschrägtes Mittelhochdach mit integriertem Hubteil und dehlertypischen Frischluft-Lamellen.

T4: Baujahr 1996 bis 2003

Kastenwagen-Modelle

Nach gut fünf Jahren ist es für VW Nutzfahrzeuge – gerade eigene Marke im Volkswagen-Konzern geworden – mal wieder an der Zeit, die aktuelle »Transporter«-Generation einer gründlichen Optimierung zu unterziehen; eine »große Produktaufwertung« steht an. Rechtzeitig zum 40.Jubiläum des Hannoveraner Werkes ist 1996 daher auch der »Kastenwagen« (abgebildet ist ein Modell 97 mit langem Radstand) gründlich überarbeitet und kann mit gravierenden Änderungen aufwarten: neue Motoren (u.a. der sparsame TDI), verbesserte Vorderachse, nun auch hinten Scheibenbremsen, verschraubte Kotflügel vorn, reversible Stoßfänger und eine retuschierte Fahrerhaus-Ausstattung etc. machen »den Transporter jetzt noch wertvoller«, wie die hauseigene Werbung schwärmt.

Baureihe:	Transporter T4
Modell:	Kastenwagen KR/LR (kurzer/langer Radstand); Hochraum-Kastenwagen (LR)
Bauzeit:	Januar 1996 bis 2003
Motoren:	siehe T4-Tabelle S. 18–19
Antrieb:	Vorderräder
Getriebe:	5V + 1R
Bremsen:	Scheiben vorn und hinten
Höchstgeschw.:	mit Normaldach 132–164 km/h; mit Hochdach 126–157 km/h
Leergewicht:	KR 1580–1710 kg mit Fahrer; LR 1630–1735 kg mit Fahrer (Hochraum plus 50 kg)
zul. GG.:	KR 2575–2810 kg LR 2625–2810 kg
Reifen:	195/70 R 15 205/65 R 15
Radstand:	KR 2920 mm LR 3320 mm
L x B x H:	KR 4707 x 1840 x 1940 mm; LR 5107 x 1840 x 1940 mm (Höhe Hochraum: 2430 mm)
Anmerkungen:	Automatik- und Allradgetriebe optional

Kombi-Modelle

Der »Kombi« unterscheidet sich vom geschlossenen »Kastenwagen« im Grunde zunächst nur durch seine Transportraum-Verglasung, die ihn – zusammen mit einer Sitzeinrichtung, hinteren Wärmetauschern, einer Gummi-Bodenmatte und Seitenverkleidungen – zum Personen-Beförderer werden lässt. Wenn mit wenigen Handgriffen die Sitze wieder ausgebaut sind, ist der Laderaum bereit zum Materialtransport: »wunderbar wandelbar«, attestiert Volkswagen diesem Fahrzeugtyp, denn »Doppelnutzen ist Trumpf«.

Auf langem Radstand ist der »Kombi« wie gehabt auch in Hochraum-Ausführung lieferbar (übrigens ebenso der »Kastenwagen«), dann aber sind statt einer Heckklappe die Doppelflügeltüren nicht mehr alternativ, sondern konstruktionsbedingt nötig.

Baureihe:	Transporter T4
Typ/Modell:	Kombi KR/LR (kurzer/langer Radstand); Hochraum-Kombi (LR)
Bauzeit:	Januar 1996 bis 2003
Leergewicht:	KR 1580–1735 kg ohne Fahrer, mit Sitzeinrichtung für 8 Pers. LR 1630–1755 kg ohne Fahrer, mit Sitzeinrichtung für 8 Pers. (Hochraum plus 50 kg)
Anmerkungen:	andere Daten wie Kastenwagen

Pritschen-wagen-Modelle

Mit gleichen Modifikationen wie ihre geschlossenen »Transporter«-Kollegen bzw. mit typspezifischen Verbesserungen gehen die serienmäßig stets dreisitzigen »Pritschenwagen«, »Tiefladepritschen« und »Fahrgestelle mit Fahrerhaus« 1996 aus der besonderen Modell-Aufwertungsrunde hervor.
Wie auf den Bildern gezeigt, sind (gegen Aufpreis) als Sonderausstattung neben Plane/Spriegel-Versionen zum witterungsunabhängigen Ladegut-Transport auch Aluminium-Ladebordwände zur Verminderung des Leergewichts erhältlich (werden aber im Laufe der Zeit z.T. Standardausstattung).

Baureihe:	Transporter T4
Modell:	Pritschenwagen KR/LR (kurzer/langer Radstand) Tiefladepritsche (LR)
Bauzeit:	Januar 1996 bis 2003
Höchstgeschw.:	119–145 km/h (ohne Plane)
Leergewicht:	KR 1530–1635 kg mit Fahrer; LR 1580–1685 kg mit Fahrer
zul. GG.:	KR 2525–2810 kg LR 2575–2810 kg
Reifen:	195/70 R 15
Radstand:	KR 2920 mm, LR 3320 mm
L x B x H:	KR 4871 x 1970 x 1910 mm; LR 5271 x 1970 x 1910 mm
Höhe Ladekante:	Pritsche KR und LR 875 mm; Tiefladepritsche LR 740 mm
Anmerkungen:	Automatik- und Allradgetriebe optional, Daten für Fahrgestell mit Fahrerhaus vgl. 1990–1995; andere Daten wie Kastenwagen

Doppelkabinen-Modelle

Auch »Doppelkabine« und die entsprechende Fahrgestell-Version ohne Pritschenaufbau sind uneingeschränkt in die 96er »T4«-Nutzfahrzeug-Optimierung mit einbezogen.
Als Fahrzeug mit Doppelfunktion (gleichzeitiger Personal- und Materialtransport) gehört zur Serienausrüstung der »Doka« auch bald wieder die schon vom »T3« gewohnte Sitzausstattung für höchstens fünf Personen inklusive Fahrer – eine kostenpflichtige Doppelsitzbank an Stelle des Beifahrer-Einzelsitzes schafft dann den eventuell nötigen sechsten Mitfahrerplatz.

Baureihe:	Transporter T4
Modell:	Doppelkabine
	Fahrgestell mit Doppelkabine
Bauzeit:	Januar 1996 bis 2003
Höchstgeschw.:	121–149 km/h (ohne Plane)
Leergewicht:	1650–1755 kg mit Fahrer (Doppelkabine)
	1520–1625 kg mit Fahrer (Fahrgestell mit Doppelkab.)
zul. GG.:	2575–2810 kg
Reifen:	195/70 R 15
Radstand:	3320 mm
L x B x H:	5271 x 1970 x 1920 mm (Doppelkabine)
	5136 x 1970 x 1920 mm (Fahrgestell mit Doppelkab.)
Höhe Ladekante:	Doppelkabine 875 mm
Anmerkungen:	Automatik- und Allradgetriebe, Plane/Spriegel optional; andere Daten wie Kastenwagen

Caravelle

Beinahe wie zu einem Generationswechsel kündigt Volkswagen Nutzfahrzeuge 1996 den veränderten »T4«-Kleinbus an: »Der neue Caravelle ... Schöner. Stärker. Sparsamer. Sicherer.« Wie alle anderen Fahrzeuge im »Transporter«-Programm, wird auch er mit neuen Antriebs-Aggregaten, Fahrwerks-Verbesserungen, hinteren Scheibenbremsen, verschraubten vorderen Kotflügeln und reversiblen Stoßfängern usw. aufgewertet – aber nicht nur das.Um den »Caravelle« als Großraum-Limousine von der »Transporter«-Baureihe optisch abzugrenzen, erhält der Vorderwagen ein modernisiertes und gefälliges Frontstyling (das so genannte »Happy Face«), das mit 11 cm Raumgewinn unter anderem den notwendigen Platz für die den Pkw-Varianten vorbehaltenen, ungewohnt leistungsstarken Sechszylinder- und 111-kW-TDI-Motoren schafft. Weiteren Anteil an der insgesamt um fast 14 cm gewachsenen Außenlänge haben neuartige elastische (Schaumkörper-)Stoßfänger, die leichte Stöße unbeschädigt überstehen sollen und die sich »harmo-

Baureihe:	Transporter T4
Modell:	Caravelle KR/LR; Caravelle GL KR/LR (bis 98) (kurzer/langer Radstand)
Bauzeit:	Januar 1996 bis 2003
Motoren:	siehe T4-Tabelle S. 18–19
Höchstgeschw.:	Benziner 144–194 km/h Diesel 132–181 km/h
Leergewicht:	KR 1625–1945 kg (7-Sitzer) LR 1665–1985 kg (7-Sitzer)
zul. GG.:	KR 2575–2810 kg LR 2625–2810 kg
Reifen:	195/70 R 15; 205/65 R 15; 215/60 R 16; 225/60 R 16
Radstand:	KR 2920 mm LR 3320 mm
L x B x H:	KR 4789 x 1840 x 1940 mm; LR 5189 x 1840 x 1940 mm
Anmerkungen:	Tieferlegung bei KR möglich (Serie bei VR6-/V6 und 111-kW-TDI-Ausführung), Automatik-und Allradgetriebe optional; andere Daten wie Kastenwagen

nisch in die elegante Linie« der aufgefrischten Kurzhauber-Front integrieren.
Serienmäßig wird der 6- bis 9-sitzige »Caravelle« in vielen Bestuhlungs-Varianten, mit zwei Radständen und großer Heckklappe angeboten; eine optionale zweite Schiebetür ermöglicht den beidseitigen Zugang zum Fahrgastraum (und wer z.B. vom Heck aus zusteigen möchte, kann gegen Mehrpreis an Stelle der Heckklappe die breit öffnende Doppelflügeltür ordern): Dank einer außerordentlich komplexen (bis komplizierten) Mehrausstattungs-Liste kann auch der »Caravelle« schon werksseitig in hohem Maße komfort- oder zweckorientiert den individuellen Ansprüchen seines Besitzers angepasst werden.
Auf Grund ihrer besseren Traktion eigenen sich die »Syncro«-Ausführungen besonders für Fahrten bei schwierigeren Straßenverhältnissen oder unter ungünstigen Witterungsbedingungen (wobei die Allrad-»T4« nicht mit den Geländeeigenschaften der »T3-Syncros« mithalten können); die allrad-spezifischen Komponenten inklusive optionaler Differentialsperre sind dabei so unauffällig unter der Karosserie verborgen, dass sich – abgesehen von rund 100 kg Mehrgewicht – die Fahrzeugmaße gegenüber den Frontantriebs-Versionen nicht verändern.
Aus Platzgründen führt der abgebildete »Caravelle GL Syncro« sein Reserverad an einem speziellen, schwenkbaren Heckträger montiert mit sich, was ihn natürlich deutlich von seinen 4x2-Geschwistern unterscheidet (der »Syncro«-Frontschriftzug ist auch etwas unauffällig…).
Der geschwärzte Bereich der rechten hinteren Seitenscheibe übrigens verdeckt die dahinter im Heckbereich platzierte Klimaanlagen-Installation.
1998 entfällt der Namens-Zusatz »GL« (neben der »Basis«-Ausführung kann man das »Caravelle«-Interieur dann durch ein »Comfortline«-Paket aufwerten); lackierte äußere Kunststoffteile sind nun im »Optikpaket« enthalten – und die sonst serienmäßigen Stahlfelgen lassen sich wie gewohnt mit modischen Radzierblenden dekorieren oder durch sportliche Leichtmetallräder ersetzen.
Die neuen fünf kurzen Karosserieschlitze im rechten vorderen Kotflügel oberhalb der Stoßfängerecke dienen der geräuschreduzierten Ansaugung von nicht vorgewärmter Motor-Verbrennungsluft.

Multivan Allstar / Classic; Multivan II

Als »Erlebnisauto für Familie, Freizeit und viel Spaß« gehört der »Multivan« nach der Volkswagen-Terminologie selbstverständlich zu den Großraum-Limousinen, »die optisch mehr Pkw-Anmutung« zur Differenzierung von normalen »Transporter«-Typen vertragen – die 1996er Aufwertung aller »T4« lässt ihn daher über die Funktionsverbesserungen hinaus auch an den aktuellen Gestaltungsretuschen (und Spitzentriebwerken) der »Caravelle«-Modellreihe teilhaben.

Während der einfache »Multivan« (schwarze Stoßfänger, fester umgekehrter Klappsitz hinter Fahrer mit integriertem Kühlbox-Staufach) auch mit Westfalia-Aufstelldach inklusive oberem Doppelbett lieferbar ist, sind »Allstar« und »Classic« (in Wagenfarbe bzw. silbergrau lackierte Stoßfänger, rückwärts gerichtete, de-

Baureihe:	Transporter T4
Typ/Modell:	Multivan Allstar/Classic (bis 98); Multivan (mit/ohne AD**; bis 99); Multivan II (mit/ohne AD**; ab 99)
Bauzeit:	Januar 1996 bis 2003
Höchstgeschw.:	Benziner 144–194/189 km/h Diesel 132–181/177 km/h (Normaldach/Aufstelldach)
Leergewicht:	1765/1825–1870/1930 kg (Normaldach/Aufstelldach)
zul. GG.:	2575–2810 kg
Reifen:	195/70 R 15; 205/65 R 15; 215/60 R 16
L x B x H:	4789 x 1840 x 1920/1995 mm (Normaldach/Aufstelldach)
Fahrgastraum:	L 2485 x B 1620 x H 1350 mm
Liegebankmaße:	L 1830 x B 1560 mm
Schlaffläche im AD:	L 1840 x B 1060 mm
Anmerkungen:	nur mit kurzem Radstand; andere Daten wie Caravelle

(** AD = Aufstelldach)

montable Klappsitze) nur mit Normaldach bis 1998 zu haben; beide entfallen dann aus dem Programm zugunsten neuer »Basis«- und »Comfortline«-Ausführungen der »Multivan«-Modellreihe (später wird auch noch ein »Trendline-Paket« die Ausstattungsvielfalt ergänzen).

Mit bestimmten Motorisierungen sind alle Varianten wahlweise mit dem permanenten »Syncro«-Allrad-Antrieb ausrüstbar, der die Antriebskräfte ohne Bedienung durch den Fahrer automatisch auf beide Achsen überträgt und damit nicht nur das allgemeine Kurvenverhalten in Grenzbereichen und die Fahrstabilität bei schlechten Wetterbedingungen positiv beeinflusst, sondern auch für bessere Durchzugskraft bei starken Steigungen und auf unbefestigtem Gelände sorgt.

Mit dem »Multivan II« ändert sich 1999 ein Teil des Innenraum-Konzepts: die rückwärts montierten, Platz sparenden Beckengurt-Klappsitze hinter dem Fahrerhaus werden durch sicherheitsoptimierte (allerdings auch schwere und recht unhandliche) »Drehsitze« ersetzt. Mittels Bodenschienen-System verschiebbar und mit integrierten Dreipunktgurten sowie Kindersitz-Befestigungspunkten ausgerüstet, können jetzt alle der bis zu fünf hinteren Fahrgäste sowohl »gesichert und bequem« in Fahrtrichtung reisen als auch in »gemütlicher Sitzgruppe um den Tisch herum« einander gegenüber sitzen. Denn »nicht nur das Fahren, auch das Verweilen im Fahrzeug macht den Multivan attraktiv«, schwärmt die einschlägige VW-Broschüre – vom durchaus erschwerten Aufstellen des Klapptisches einmal ganz abgesehen, erscheint jedoch die erwähnte Gemütlichkeit in Vis-a-Vis-Stellung durch die dann deutlich eingeschränkte Beinfreiheit nur relativ: das an sich vielseitige »T4«-Kurzhauberkonzept zwingt bezüglich der nutzbaren Fahrgastraumlänge bei kurzem Radstand eben auch zu Kompromissen.

California Coach / Exclusive

Mit der »California«-Modellreihe hat VW seit Jahren bewährte (bei Westfalia in Wiedenbrück gefertigte) Campingfahrzeuge bzw. kompakte Reisemobile im Angebot. Die Überarbeitung 1996 aller »T4«-Typen kommt auch diesen Modellen zugute – um sie von gewerblich genutzten »Transportern« klar zu unterscheiden, erhalten sie ebenso wie »Caravelle« und »Multivan« einen minimal verlängerten Vorderwagen mit neu modelliertem, aufgefrischten Erscheinungsbild.

Auf Basis des kurzen Radstandes entstehen alle viersitzigen »California-Coach«-Varianten (mit gleichem Einrichtungsgrundriss, der sich zum Wohnen, Kochen und Schlafen gleichermaßen eignet); sie unterscheiden sich im Wesentlichen nur durch ihre Dachkonzepte:

- mit hoch schwenkbarem »Aufstelldach«, das statt des bisher einzigen Moskitonetz-Fensters vorn bald zwei in den Längsseiten gegenüber liegende, mit Zeltstoff verschließbare Lüftungsöffnungen erhält und darüber hinaus ein schmales Doppelbett bietet,
- mit harmonisch angeschrägtem, festem »Compactdach«, das nur Stauraum und permanente Stehhöhe schafft, aber keine Liegefläche enthält und

- mit nach vorn ausgebuchtetem, genauso fest montiertem, wintertauglichem »Hochdach« und zwei zusätzlichen Schlafplätzen sowie längsseitigen Ausstellfenstern (ohne Abbildung).

Einen ähnlichen, aber durch die größere Länge geräumigeren Schlafdachaufsatz hat das auf dem langen Radstand aufbauende, ebenso vierplätzige Spitzenmodell »California Exclusive« (mit festem rückwärtigen GfK-Teil an Stelle der üblichen Heckklappe); seine Besonderheit ist das von den »Coach«-Modellen abweichende Innenraum-Konzept mit vorderer Vierer-Sitzgruppe unter Einbeziehung des Fahrerhauses, L-förmig angeordneter Küche in der Mitte und die hinten platzierte, schmale Sanitärzelle mit integrierter Chemietoilette und klappbarem Waschbecken.

Baureihe:	Transporter T4
Modell:	California Coach (mit Aufstell-, Compact- oder Hochdach; nur kurzer Radstd.) California Exclusive (nur mit Hochdach und langem Radstand)
Bauzeit:	Januar 1996 bis 2003
Höchstgeschw.:	120–189 km/h
Leergewicht:	2188–2363 kg
zul. GG.:	2800–2890 kg
Reifen:	205/65 R 15; 215/60 R 16
L x B x H:	Coach mit AD: 4789 x 1840 x 1990 mm Coach mit CD: 4789 x 1840 x 2385 mm Coach mit HD: 4789 x 1840 x 2570 mm Exclusive: 5189 x 1840 x 2599 mm
Anmerkungen:	V_{max} und Gewichte je nach Dach- und Motor-Variante; andere Daten wie Caravelle

Caravelle Business

Die im VW-Werk Hannover für Sonderausführungen bisher zuständige Kundendienstwerkstatt, Abteilung Sonderfahrzeugbau, erhält einen neuen, interessant klingenden (und in die Zeit passenden) Namen: »Service-Center Spezialausstattungen«. Wie schon lange gewohnt, werden hier auch weiterhin neben den Taxi- oder Behindertenfahrzeug-Ausführungen die bekannten Kleinserien oder Einzelstücke auf »Transporter«-Grundtypen für Feuerwehr, Polizei, Krankentransport usw. gefertigt.
Über diese speziellen Fahrzeuge hinaus bietet VW (in konzeptioneller Anlehnung an den früheren »Kamei Club Van«, siehe Seite 91) ab 1997 ein ebenfalls dort im Service-Center perfektioniertes, auf dem »Caravelle GL« basierendes Modell mit dem charakterisierenden Beinamen »Business« an, in dem »Raumkomfort, Funktionalität und Exclusivität vorbildlich ver-

Baureihe:	Transporter T4 Sonderausführungen
Typ/Modell:	Caravelle Business (KR) Caravelle Business (LR)
Bauzeit:	September 1997 bis 2003
Motoren:	siehe T4-Tabelle S. 18–19 (nicht Kbst. ABL, AJA, AJT)
Höchstgeschw.:	Benziner 164–194 km/h Diesel 155–181 km/h
Reifen:	205/65 R 15; 215/60 R 16; 225/60 R 16
Anmerkungen:	Allradgetriebe optional; andere Daten wie Caravelle

eint« sind, wie der Sonderprospekt idealisiert. »Besonders komfortabel reisen, in attraktiver Atmosphäre mit Geschäftspartnern konferieren, modernste Kommunikationstechnik zur Hand haben, aber auch ganz individuell die Freizeit mit der Familie genießen: im Caravelle Business ist dies alles faszinierende Realität.«
Die Innenausstattung des Sechssitzers ist aller-

dings auch vom Feinsten: Wandverkleidungen, Sitzbezüge und Instrumententafel »in Echtleder«, mittlere Armlehnensessel drehbar, elektrisch verstellbare Einzelsitze hinten, lederbezogener, versenkbarer Tisch an der Seitenwand gegenüber der Schiebetür, Kompressor-Kühlbox im Gepäckraum und noch Einiges mehr – schon »serienmäßig« hat der »Business« genügend Extras, dass zusammen mit den optionalen Kommunikations- und Technikpaketen locker die 100.000-Euro-Marke gerissen wird.

Das große Bild zeigt übrigens ein 99er Fahrzeug mit langem Radstand, GPS-Dachantenne für das Navigationssystem über der Frontscheibe und längs verschiebbaren Fond-Sitzen. Der klappbare Dachhimmel-Monitor auf dem anderen Foto ist Bestandteil eines imponierenden »TV-DVD-Sound«-Ausstattungspaketes: »Ganz sicher geben Sie bei Ihren Geschäftspartnern mit dem Caravelle Business eine eindrucksvolle Visitenkarte ab«, prophezeit die VW-Broschüre.

Dehler Optima

Außergewöhnliches Design ist seit dem »T3-Profi« Markenzeichen der Dehler-Mobile und kennzeichnet auch das Flaggschiff der Sauerländer Büro- und Freizeitfahrzeuge, den »Optima 5.4«: besonders der Raum gebende, energische Heckanbau mit dem extravaganten Dachabschluss ist andauernder kontroverser Gesprächsstoff unter den VW-Bus-Liebhabern – sogar noch, nachdem die Firma Dehler Ende 1998 Konkurs anmeldet... Wie ahnte schon der Prospekt? Die »dynamische Eleganz des Optima 5.4, mit der man sich zum Blickfang auf den Straßen« macht, ist geblieben, konkurrenzlos unter all den anderen »T4«-Sonderausführungen.
Bei der Diskussion über Äußerlichkeiten sollen die inneren Werte nicht übersehen werden: der »Optima 5.4« als Viersitzer hat vorn sein Wohn- und Schlafabteil, »mittschiffs« eine Winkelküche und »achtern« einen Sanitärraum mit Dusche »in schwungvollem Rundesign« (»Optima 4.7« ähnelt dem »Profi GL« ohne Heckanbau; vgl. S.91).

Baureihe:	Transporter T4 Sonderausführungen
Modell:	Dehler »Optima 4.7« (KR) Dehler »Optima 5.4« (LR)
Bauzeit:	ca.1994 bis Oktober 1998
Motoren:	siehe T4-Tabelle S. 18–19
Leergewicht:	»4.7« ca.1980 kg »5.4« ca.2160 kg
zul. GG.:	»4.7« ca.2630 kg »5.4« ca.2730 kg
Radstand:	KR 2920 mm LR 3320 mm
L x B x H:	»4.7«: 4790 x 1840 x 1980/2160 mm (mit Aufstell-/Mittelhochdach); »5.4«: 5500 x 1840 x 2390 mm (nur mit Hochdach)
Bettenmaß unten:	L 1950 x B 1360 mm
Oberbett einzeln:	L 1900 x B 550 mm
Anmerkungen:	Allrad nur bei »4.7« möglich, Automatikgetriebe und Leichtmetallfelgen optional, umfangreiche Sonderausstattungsliste; andere Daten vgl. Caravelle bzw. Kombi

Zugkopf-Anbauten: Niederflurhubwagen / Wertkoffer

Unter den inzwischen weit über 100 Aufbau-Varianten der Sonderfahrzeug-Fremdhersteller sind hier aus Platzgründen stellvertretend zwei »T4«-Spezialmodelle ausgesucht, die auf der besonderen Bauform »Transporter Zugkopf« basieren – wo also hinter einem normalen (»Pritschenwagen«-) Fahrerhaus mit Motor und Vorderradantrieb, dem »Zugkopf«, ein Fremd-Chassis mit entsprechendem Aufbau angeflanscht wird.

Der »Niederflurhubwagen HV 1035« von Ruthmann aus Gescher/Westfalen, dessen containerartiger Transportkasten auf Bodenniveau abgesenkt und zum Beispiel auf Rampenhöhe angehoben werden kann, ist für rationellen Gütertransport im Verteiler- oder Speditions-Verkehr vorgesehen, da er das Be- und Entladen enorm erleichtert.

Die Stoof GmbH aus Busendorf bei Berlin nutzt die gleiche »Zugkopf«-Variante für ihren »Geld- und Wertkoffer«. Dazu fügt sie u.a. in die Rückwand des (noch zu panzernden) Fahrerhauses eine Tür ein, baut den Tiefrahmen mit Nachlauf-Hinterachse an und setzt darauf einen zweckentsprechend gesicherten »Wertkoffer«-Aufbau mit Schleuse und Laderaum; die Beifahrertür wird dann dauerhaft verschlossen.

Baureihe:	Transporter T4 Sonderausführungen
Modell:	Zugkopf mit Anbau Niederflurhubwagen HV 1035
Bauzeit:	1996 bis 2003
Motoren:	TDI-Ausführungen; siehe T4-Tabelle S. 18–19
Antrieb:	Vorderräder
Getriebe:	5V + 1R
zul. GG.:	bis 3300 kg
Vorderachslast:	1520 kg
Hinterachslast:	1800 kg
Radstand:	variabel
Anmerkungen:	kurzer Vorderwagen

Baureihe:	Transporter T4 Sonderausführungen
Modell:	Zugkopf mit Anbau Geld- und Wertkoffer
Bauzeit:	Januar 1996 bis 2003
Motoren:	TDI-Ausführungen; siehe T4-Tabelle S. 18–19
Antrieb:	Vorderräder
Getriebe:	5V + 1R
Leergewicht:	2360 kg mit Fahrer
zul. GG.:	3360 kg
L x B x H:	5543 x 1990 x 2000 mm
Anmerkungen:	dritter Sitzplatz in Schleuse, Rammschutz optional

Multivan Topstar

Um den Verkauf auf hohem Niveau zu halten, gibt es in der 2. Hälfte der »Multivan«-Produktionszeit (in fast jährlichem Abstand mal auflagenlimitierte, mal länger im Programm bleibende) Sonder-Editionen in speziellen Lackierungsvarianten, mit preisgünstigeren Ausstattungs-Gesamtpaketen und charakterisierenden Modell-Etiketten wie »Special«, »Family«, »Atlantis«, »Generation«, »Tim&Tom«, »Highline« etc.
Beispielhaft für diese Modeerscheinung, die der VW-Werbung beständig ein Bad in Superlativen beschert, steht der sportlich positionierte, recht ungewöhnlich lackierte »Multivan Topstar – TopDesign. TopAusstattung. TopTechnik«: Schwellerbereich und Stoßfänger in blaugrau metallic, Karosserie in »spicegreen-perleffekt« (mit schwarz eingefasstem Seitenfensterband). Der Fahrgastraum bietet mit Sitz-Liegebank

Baureihe:	Transporter T4 Sonder-Editionen
Modell:	Multivan Topstar
Bauzeit:	Herbst 1997 bis 1998
Motoren:	siehe T4-Tabelle S. 18–19, Kennbuchstaben AES, ACV
Höchstgeschw.:	157–174 km/h
Leergewicht:	1915–2045 kg
zul. GG.:	2575 kg
Reifen:	205/65 R 15
L x B x H:	4789 x 1840 x 1900 mm
Anmerkungen:	nur mit kurzem Radstand, tiefergelegtes Fahrwerk und Leichtmetallfelgen serienmäßig; andere Daten wie Caravelle

und zwei gegen die Fahrtrichtung eingebauten, einfach zu entfernenden Armlehnen-Klappsitzen (exklusiv mit hellgrün zu dunkelblau kontrastierendem Stoff bezogen) sowie dem praktischen Seitenklapptisch – wie VW hofft – einen »hohen Verweil-Komfort«.

California Joker

Die VW-Marktstrategie zu jährlich limitierten Sonderauflagen in individueller Farbgebung, kombinierten Extras im Sparpaket und mit »trendy« Namensgebung macht 1996 auch vor dem »California«-Reisemobil-Programm nicht Halt – einem »California Beach« folgen Edel-Camper wie »Blue«, »Advantage«, »Generation«, »Event« nach, und zum letzten Modelljahr noch der »Freestyle«.

»Mit zusätzlichem Reise- und Freizeitwert... für 4 plus 2« wird der hier exemplarisch vorgestellte 98er »California Joker« angeboten; noch immer bei Westfalia ausgebaut, weckt diese Bezeichnung nostalgische Erinnerungen an den erfolgreichen »T3«-Campingbus aus Wiedenbrück. Der in seiner Einrichtung konzeptionell dem »California Coach« mit Aufstelldach entsprechende, arktikblau und pistaziengrün lieferbare Viersitzer »California Joker« mutiert mit der in serienmäßige Bodenschienen einsetzbaren, aufpreispflichtigen Mittelsitzbank zum 6-sitzigen Personentransporter.

Baureihe:	Transporter T4 Sonder-Editionen
Modell:	California Joker
Bauzeit:	Herbst 1997 bis 1998
Motoren:	siehe T4-Tabelle S. 18–19, Kennbuchstabe ACV
Höchstgeschw.:	154 km/h
Leergewicht:	2188 kg mit Fahrer
zul. GG.:	2800 kg
Reifen:	205/65 R 15
Radstand:	2920 mm
L x B x H:	4789 x 1840 x 1990 mm
Sitzbankbett:	L 1940 x B 1170 mm
Dachbett:	L 1840 X B 1060 mm
Anmerkungen:	mit Aufstelldach, Radträger und schwarze Stoßfänger serienm., 2er-Mittelsitzbank optional; andere Daten wie Caravelle

Multivan Panamericana

Die längste befahrbare Strecke von Alaska bis Feuerland – über beide amerikanischen Kontinent-Teile, von Nord nach Süd den Pazifischen Ozean entlang – ist die legendäre »Pan Americana«; 1999 meistern zwei Teams für VW Nutzfahrzeuge mit beinahe serienmäßigen »Multivan Syncro TDI«-Fahrzeugen (nur 30 mm höher gelegt und mit Unterfahrschutz) die rund 23.000 km in Rekordzeit von wenig mehr als zwei Wochen ohne Defekt: ein beachtliches Ergebnis für die im Prinzip als reine Straßenfahrzeuge konzipierten »Multivan Syncro«.
In Würdigung »dieser fahrerischen und technischen Glanzleistungen« (Pressetext) stellt VWN Ende 2001 ein in erster Linie visuell beeindruckendes »Panamericana«-Ausrüstungs-Paket zusammen, das regulären Allrad-»Multivans« zu einem überaus starken Auftritt verhilft; eingebaut wird es vom werkseigenen Service-

Baureihe:	Transporter T4 Sonder-Editionen
Modell:	Multivan II Syncro mit Panamericana-Paket
Bauzeit:	Herbst 2001 bis 2002
Motoren:	siehe T4-Tabelle S. 18–19, Kennbuchstabe AYC
Allrad-Antrieb:	permanent bzw. automatisch
Getriebe:	5V + 1R
Bremsen:	Scheiben vorn und hinten
Höchstgeschw.:	ca. 153 km/h
Leergewicht:	ca. 2185 kg
zul. GG.:	2700–2810 kg
Reifen:	215/65 R 18
Bodenfreiheit:	21 mm
L x B x H:	4789 x 1840 x 1970 mm
Anmerkungen:	nur mit kurzem Radstand; höher gelegtes Fahrwerk, chromfarben beschichtete Leichtmetall-Felgen u. Xenon-Scheinwerfer paketbezogen, Differentialsperre hinten mögl. andere Angaben wie Multivan

Center Spezialausstattungen in Hannover. »Es enthält neben dem 16-Zoll-Fahrwerk mit verchromten Leichtmetallrädern und Pirelli-Mehrzweckreifen… einen stabilen Unterfahrschutz aus verschweißten Stahlrohren und Blechen, Edelstahl-Schwellerrohre und eine ebenfalls verchromte Edelstahl-Reserveradabdeckung. Mit Xenon-Scheinwerfern für Fernlicht und Abblendlicht, dunklen Schlussleuchten und einem Heckklappenaufsatz lässt sich der Syncro noch weiter aufrüsten. Das Gesamtpaket kostet 7151 Euro. Eine Innenausstattung in Leder mit Alcantara-Innenbahnen schlägt mit 3103 Euro zu Buche«, erläutert die VWN-Pressemitteilung – da summiert sich ein hübscher Betrag von rund 50.000 Euro für einen schicken und abenteuerbereiten, aber auch mit Differentialsperre an der Hinterachse nur begrenzt offroadtauglichen »Panamericana«.

Die Inneneinrichtung ist (abgesehen von der möglichen Aufwertung durch den grau-roten Echtleder-Bezug) die gleiche wie in allen sechssitzigen »Multivan II«: an eine hintere Polsterverlängerung schließt sich die zur Liege umbaubare 3er-Sitzbank an, der Tisch klappt linksseitig aus der Wand, und der in Längsrichtung verschiebbare Armlehnensitz hinter dem Fahrer ist in und gegen die Fahrtrichtung drehbar (ein zweiter Sitz oder eine Kühlbox sind optional erhältlich).

Der abgebildete »Panamericana« ist zusätzlich noch mit abnehmbarer Anhängerkupplung, einem an der GPS-Antenne erkennbaren Navigationssystem und einer Doppelflügel-Hecktür statt der serienmäßigen Klappe ausgestattet; ein bulliges Universalauto »für Berge, Busch und Boulevard« (mit Betonung auf Letzterem), wie nicht nur die Fachpresse vermutet.

Multivan Last Edition

Der »T4« geht in die Endrunde (die Produktion der auf »Präsentations-Events« bereits vorgestellten Nachfolge-Generation läuft langsam an), und wie es seit den interessanten und begehrten »LLE« von 1992 wohl inzwischen Tradition bei Volkswagen Nutzfahrzeuge wird, gibt es im Abschiedsjahr noch einmal eine ganz besonders edle Modellversion des »Multivan«, nach dem (Pressetext-)Motto »zum Abschluss nur das Beste« mit enorm reichhaltiger Serienausstattung – den »Last Edition«.
In wahlweiser Speziallackierung wie »Urbangrey metallic«, »Reflexsilber metallic«, »Black magic perleffekt« und »Inky blue perleffekt« deutet der allerletzte »T4«-Abkömmling zusammen mit den exklusiven 16-Zoll-Leichtmetallrädern (und den »Last Edition«-Signets vorn und seitlich) schon äußerlich in sportlicher Noblesse seine stilvolle Sonderklasse an, die sich – meilenweit entfernt von früherem Kleinbus-Gestühl – im Leder/Alcantara-Ambiente dieses siebensitzigen Großraum-Pkw widerspiegelt: eines »Last Edition« würdig.

Baureihe:	Transporter T4 Sonder-Editionen
Typ/Modell:	Multivan Last Edition
Bauzeit:	2003
Motoren:	siehe T4-Tabelle S. 18–19, Kennbuchst. AYC, AXG, AMV
Höchstgeschw.:	157–194 km/h
Leergewicht:	2000–2030 kg
zul. GG.:	2620–2660 kg
Reifen:	225/60 R 16
L x B x H:	4789 x 1840 x 1900 mm

Anmerkungen: nur mit kurzem Radstand, keine Allrad-Ausführung, tiefergelegtes Fahrwerk und Leichtmetallfelgen serienmäßig; andere Daten wie Caravelle

T5: Modelljahr 2004 und 2005

Kastenwagen-Modelle

Man muss schon genau hinschauen, um den »T5« von seinem Vorgänger zu unterscheiden; als konzeptionell identischer Kurzhauber mit Motor und Antrieb vorn kann man ihn zunächst leicht mit dem »T4« verwechseln. Die Seitenwände stehen jedoch etwas steiler, und die Maße haben insgesamt etwas zugelegt – was letztlich dem Transportraum zu Gute kommt. Den »Kastenwagen« mit kurzem Radstand gibt es mit normalem Blechdach oder in der Kunststoff-Mittelhochdach-Ausführung, mit der großen Heckklappe oder den Doppelflügeltüren wie beim »T4«, mit Schiebetür rechts oder auf beiden Seiten: der neue »Transporter« mit dem energisch vorgestreckten Kinn, das ihm einen markanten Ausdruck verleiht, ist (laut VWN-Prospekt) mit seinen vielen funktionalen Detaillösungen »auf jede Herausforderung vorbereitet«.

Baureihe:	Transporter T5
Modell:	Kastenwagen KR (kurzer Radstand) mit Normaldach (ND) oder Mittelhochdach (MHD)
Bauzeit:	ab 2003 anlaufend
Motoren:	siehe T5-Tabelle S. 18–19
Antrieb:	Vorderräder
Getriebe:	5V + 1R / 6V + 1R (je nach Motorisierung)
Bremsen:	Scheiben vorn und hinten
Höchstgeschw.:	146–206 km/h mit ND 142–200 km/h mit MHD
Leergewicht:	1785–2200 kg m. Fahrer (ND); 1815–2230 kg m. Fhr. (MHD)
zul. GG.:	2600–3200 kg mit ND 2800–3000 kg mit MHD
Reifen:	205/65 R 16
Radstand:	3000 mm
L x B x H:	4890 x 1904 x 1970 mm (ND); 4890 x 1904 x 2170 mm) (MHD)
Anmerkungen:	Automatik- und Allradgetriebe optional, Tieferlegung und 17-Zoll-Fahrwerk möglich

Mit langem Radstand kann man den geschlossenen »Kastenwagen« sogar in drei Dach-Varianten erhalten – normal, mittel oder hoch. Zur Wahl stehen außerdem für alle »Transporter« sechs neu entwickelte Motoren (von ziemlich sparsam bis extrem leistungsstark), eine 6-Stufen-Automatik und ein neuartiger Allradantrieb (s. Seite 120). Der Laderaum im »Kastenwagen«, vom Fahrerhaus durch eine Vielzahl unterschiedlicher Trennwände abteilbar, ist serienmäßig unverkleidet; er kann – gegen Mehrpreis – auf dem Boden mit einem Gummibelag und rundum mit grau lackierten Hartfaserplatten geschützt werden.

Das Foto zeigt einen langen »Kastenwagen« mit so genanntem »Mittelhochdach« und dem für die »Transporter«-Baureihe charakteristischen dunkelgrauen Frontstoßfänger.

Baureihe:	Transporter T5
Modell:	Kastenwagen LR; (langer Radstand) mit Normaldach (ND), Mittelhochdach (MHD) oder Hochdach (HD)
Bauzeit:	ab 2003 anlaufend
Motoren:	siehe T5-Tabelle S. 18–19
Höchstgeschw.:	146–206 km/h mit ND 142–200 km/h mit MHD 136–191 km/h mit HD
Leergewicht:	1815–2233 kg m. Fahrer (ND); 1845–2263 kg m. Fhr. (MHD); 1865-2283 kg m. Fahrer (HD)
zul. GG.:	2800–3200 kg mit ND 2800–3200 kg mit MHD 2800–3200 kg mit (HD)
Radstand:	3400 mm
L x B x H:	5290 x 1904 x 1970 mm (ND); 5290 x 1904 x 2170 mm (MHD); 5290 x 1904 x 2470 mm (HD)
Anmerkungen:	bei HD Doppelflügel-Hecktür serienmäßig; andere Daten siehe Kastenwagen KR

Kombi-Modelle

Seit über 50 Jahren ist der VWN-»Transporter« mit Fenstern um den Laderaum herum ebenso zur Personenbeförderung wie auch zum Gütertransport dienlich. Mit optionaler Doppel-Beifahrersitzbank und zwei ohne Werkzeug leicht einzusetzenden, fest montierten Bankreihen im Transport- bzw. dann Fahrgastraum sind im »Kombi« mit kurzem Radstand insgesamt bis zu neun Sitzplätze (durch Dreipunktgurte gesichert) realisierbar; bis auf den Fahrersitz lassen sich im »T5« praktischerweise alle Banklehnen zum »Sandwich auf die Sitzpolster« (Pressetext VWN) klappen oder die hintere Bank sogar nach vorn »wickeln«, um auch bei montierter Bestuhlung auf spezielle Transportanforderungen flexibel reagieren zu können. Die große, oben angeschlagene Heckklappe ist auch beim »Kombi« mit Mittelhochdach Standard.

Baureihe:	Transporter T5
Modell:	Kombi KR (kurzer Radstand) mit Normaldach (ND) oder Mittelhochdach (MHD)
Bauzeit:	ab 2003 anlaufend
Motoren:	siehe T5-Tabelle S. 18–19
Antrieb:	Vorderräder
Getriebe:	5V + 1R / 6V + 1R (je nach Motorisierung)
Bremsen:	Scheiben vorn und hinten
Höchstgeschw.:	146–206 km/h mit ND 142–200 km/h mit MHD
Leergewicht:	1850–2295 kg m. Fahrer (ND); 1880–2325 kg m. Fhr. (MHD)
zul. GG.:	2600–3200 kg mit ND 2800–3000 kg mit MHD
Reifen:	205/65 R 16
Radstand:	3000 mm
L x B x H:	4890 x 1904 x 1970 mm (ND); 4890 x 1904 x 2170 mm (MHD)
Anmerkungen:	Automatik- und Allradgetriebe optional, Tieferlegung und 17-Zoll-Fahrwerk möglich

In der höchsten seiner vier Gesamtgewichts-Klassen bietet der lange »Kombi« eine maximale Nutzlast von bis zu 1,3 t – und mit aufgesetztem, innen unverkleidetem Hochdach weist der »größte Transporter aller Zeiten« (VWN-Prospekt) immerhin ein Laderaumvolumen von mehr als 9 m³ auf; in dieser Variante reicht die Heck-Doppelflügeltür mit einer Höhe von knapp 1,7 m grundsätzlich bis in das Dach hinein (und auch die Schiebetür rechts kann – gegen Aufpreis – in 1,75 m hoher Ausführung geordert werden).

Baureihe:	Transporter T5
Typ/Modell:	Kombi LR (langer Radstand) mit Normaldach (ND), Mittelhochdach (MHD) oder Hochdach (HD)
Bauzeit:	ab 2003 anlaufend
Motoren:	siehe T5-Tabelle S. 18–19
Höchstgeschw.:	146–206 km/h mit ND 142–200 km/h mit MHD 136–191 km/h mit HD
Leergewicht:	1890–2345 kg m. Fahrer (ND); 1920–2375 kg m. Fhr. (MHD); 1940–2395 kg m. Fahrer (HD)
zul. GG.:	2800–3200 kg
Radstand:	3400 mm
Anmerkungen:	bei HD Doppelflügel-Hecktür serienmäßig; andere Daten siehe Kastenwagen LR

Shuttle

Der »Shuttle« ist in der »Transporter«-Terminologie eine neu geschaffene Kreation: da das neue »T5«-Gesamtprogramm zunächst einmal auf die frühere Großraum-Limousine »Caravelle« verzichtet (der neue »Multivan« ist als Platzhalter angedacht), wird ein normaler »Kombi« serienmäßig mit qualitativ hochwertigerer Innenverkleidung, Gummiboden-Belag, zusätzlichem Heizgerät, Sonnenrollos und mit Stoff bezogener Siebensitzer-Grundausstattung zum »Shuttle«-Bus aufgewertet. Wahlweise als 7- bis 9-Sitzer mit kurzem oder langem Radstand (im Bild die Langausführung mit 16-Zoll-Stahlrad-Zierblenden), jedoch immer nur mit Flachdach, soll er laut VWN auch für die Aufgaben im »gehobenen gewerblichen Personentransport« genügen.

Baureihe:	Transporter T5
Modell:	Shuttle KR (kurzer Radstand)
	Shuttle LR (langer Radstand)
Bauzeit:	ab 2003 anlaufend
Motoren:	siehe T5-Tabelle S. 18–19
Antrieb:	Vorderräder
Getriebe:	5V + 1R / 6V + 1R
	(je nach Motorisierung)
Bremsen:	Scheiben vorn und hinten
Höchstgeschw.:	146–206 km/h
Leergewicht:	1850–2295 kg m. Fahrer (KR); 1890–2345 kg m. Fhr. (LR)
zul. GG.:	2850–3200 kg
Reifen:	205/65 R 16
Radstand:	3000 mm (KR)
	3400 mm (LR)
L x B x H:	4890 x 1904 x 1960 mm (KR); 4890 x 1904 x 1960 mm (LR)
Anmerkungen:	kein Mittel-/Hochdach mögl., Automatik- und Allradgetriebe optional, Tieferlegung und 17-Zoll-Fahrwerk möglich

Fahrgestell mit Einzel- / Doppelkabine

Die drei verschiedenen »Fahrgestelle« mit kurzem oder langem Radstand, Einzel- oder Doppelkabine entsprechen in konstruktiver Hinsicht ihrem jeweiligen Pendant der »Pritschenwagen«-Typen – allerdings ohne deren hinteren Pritschenaufbau. Mit vorgefertigten Befestigungspunkten tragen sie als bewährte Basis für Sonderaufbauten aller Art zum Beispiel Verkaufs-Container oder geschlossene Leichtkoffer sowie branchenspezifische Speziallösungen wie Arbeitsbühnen, Müllbehälter oder sogar Sättel für Auflieger; »fast alles ist realisierbar«, verspricht die »Transporter«-Broschüre.

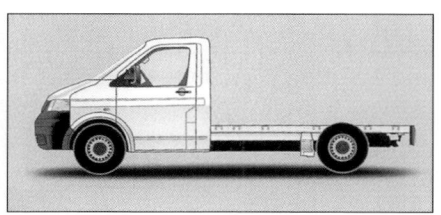

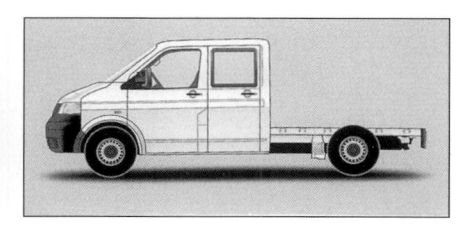

Baureihe:	Transporter T5
Modell:	Fahrgestell mit Einzelkabine KR (kurzer Radstand); Fahrgestell mit Einzelkabine LR (langer Radstand); Fahrgestell mit Doppelkabine (nur langer Radstand)
Bauzeit:	ab 2003 anlaufend
Motoren:	siehe T5-Tabelle S. 18–19
Antrieb:	Vorderräder
Getriebe:	5V + 1R / 6V + 1R (je nach Motorisierung)
Bremsen:	Scheiben vorn und hinten
Höchstgeschw.:	je nach Aufbauten variabel
Leergewicht:	1560–1865 kg m. Fahrer (KR); 1600–1905 kg m. Fhr. (LR); 1675–2015 kg m. Fhr. (Doka)
zul. GG.:	2800–3000 kg
Reifen:	205/65 R 16
Radstand:	3000 mm (KR), 3400 mm (LR)
L x B x H:	4890 x 1904 x 1940 mm (KR); 5290 x 1904 x 1940 mm (LR); 5290 x 1904 x 1950 mm (Doppelkabine)
max. Aufbaulänge:	2692 mm bei Einzelkabine KR; 3264 mm bei Einzelkabine LR; 2212 mm bei Doppelkabine
Anmerkungen:	Leergewicht ohne Aufbauten, Automatik-, Allradgetriebe und 17-Zoll-Fahrwerk möglich

Pritschenwagen

Auch die »Pritschenwagen mit Einzelkabine« sind in den beiden verfügbaren »T5«-Radständen lieferbar, wobei die »Tiefladepritsche« mit der niedrigeren Ladekante nur in der Langversion gebaut wird.
Alle drei »Pritschenwagen«-Typen haben identische, serienmäßig dreisitzige Fahrerhäuser mit Fahrer-Einzelsitz und Beifahrer-Doppelbank; die nach drei Seiten leicht abklappbaren Aluminium-Bordwände (die hintere mit praktischer Trittstufe als Aufstiegshilfe zum Erklimmen der Pritsche) sind jeweils 390 mm hoch. Auf der Ladefläche sind bündig in den Boden eingelassene Verzurrösen befestigt, die der Sicherung des Ladegutes dienen; gegen Mehrpreis ist ein wetterfestes »Verdeckgestell mit einer robusten Plane« erhältlich. Je nach Motorisierung und Bereifung sind maximal ca. 1,2 t Nutzlast bei den Fahrzeugen mit langem Radstand möglich – die kurze Pritsche schafft wegen ihres geringeren Eigengewichtes sogar noch mehr.
Auf den Fotos sind die beiden normal hohen »Pritschenwagen mit Einzelkabine« mit ihren serienmäßigen Bügelspiegeln zu sehen.

Baureihe:	Transporter T5
Modell:	Pritschenwagen KR (kurzer Radstand); Pritschenwagen LR; Tiefladepritsche LR (langer Radstand)
Bauzeit:	ab 2003 anlaufend
Motoren:	siehe T5-Tabelle S. 18–19
Antrieb:	Vorderräder
Getriebe:	5V + 1R / 6V + 1R (je nach Motorisierung)
Bremsen:	Scheiben vorn und hinten
Höchstgeschw.:	133–182 km/h (ohne Plane/Spriegel)
Leergewicht:	1725–2030 kg m. Fahrer (KR); 1785–2090 kg m. Fahrer (LR)
zul. GG.:	2800–3000 kg
Reifen:	205/65 R 16
Radstand:	3000 mm (KR) 3400 mm (LR)
L x B x H:	5074 x 1994 x 1940 mm (KR); 5474 x 1994 x 1940 mm (LR)
Höhe Ladekante:	Pritsche KR und LR 890 mm Tiefladepritsche LR 760 mm
Ladefläche:	KR 2540 x 1940 mm (L x B) LR 2940 x 1940 mm (L x B)
Anmerkungen	Plane und Spriegel, Automatik-, Allradgetriebe und 17-Zoll-Fahrwerk möglich

Doppelkabine

Den »Pritschenwagen mit Doppelkabine« gibt es nur auf langem Radstand – dafür aber inzwischen wieder sechssitzig (mit Stauraum unter vorderer Beifahrer- und in der Sockeltruhe der hinteren Mitfahrersitzbank) und, wegen des komfortableren Zugangs, nunmehr serienmäßig mit zwei Türen an jeder Seite. Auch die Doka kann auf Wunsch mit Plane und Spriegel versehen werden.

Baureihe:	Transporter T5
Modell:	Doppelkabine
Bauzeit:	ab 2003 anlaufend
Höchstgeschw.:	135–187 km/h (ohne Plane/Spriegel)
Leergewicht:	1825–2165 kg mit Fahrer
Radstand:	3400 mm
L x B x H:	5474 x 1994 x 1950 mm
Ladefläche:	2170 x 1940 mm (L x B)
Bordwandhöhe:	390 mm
Anmerkungen:	Plane und Spriegel, Automatik-, Allradgetriebe und 17-Zoll-Fahrwerk möglich; andere Daten wie Pritschenwagen LR

4MOTION-Ausführung

Nicht einmal einen Heckträger für das Reserverad braucht er noch, der neue Allrad-»T5« (es findet nämlich noch unter dem Fahrzeugboden Platz). Hätte er nicht den »4motion«-Schriftzug am Heck – er fiele beim Vorbeifahren als 4x4-Version nicht auf. Statt früherer »Syncro«-Technik verteilt jetzt eine auch mit kraftvolleren Motoren verträgliche »Haldex-Kupplung« die Antriebskraft nach Bedarf bzw. Beschaffenheit des Untergrundes auf beide Achsen.

Dass der »4motion« sich nicht nur auf Asphalt wohlfühlt, konnte er in Serienausführung und mit Unterfahrschutz auf der nur 14-tägigen 11000-km-Rekordfahrt Hammerfest-Dakar im Frühjahr 2003 unter Beweis stellen (mit nur 18 cm normaler »T5«-Bodenfreiheit darf man dann in Nordafrika an einem Schotterwall auch mal an seine Allrad-Grenzen stoßen, wie das Foto zeigt).

Baureihe:	Transporter T5
Modell:	alle Varianten der Grundtypen Kastenwagen, Kombi, Shuttle, Fahrgestell, Pritschenwagen, Doppelkabine, Caravelle, Multivan, California, Business in 4MOTION-Ausführung
Bauzeit:	ab 2004
Motoren:	siehe T5-Tabelle S. 18–19, (nur mit Kennbuchstab. BDL, AXD, AXE)
Allrad-Antrieb:	permanent bzw. automatisch
Getriebe:	6V + 1R
Höchstgeschw.:	Benziner 191–206 km/h Diesel 150–184 km/h
Leergewicht:	ca. 100 kg mehr als 4x2-Typen
zul. GG.:	bis höchstens 3200 kg
Radstand:	kurz und lang
L x B x H:	wie entsprechende 4x2-Modelle
Anmerkungen:	elektronische Differentialsperre, manuelle für hinten möglich; andere Daten wie 4x2-Typen

Caravelle

Die Kundschaft hat ihn wohl vermisst, den anspruchsvollen Sieben- bis Neunsitzer »Caravelle« – zur Nutzfahrzeug-IAA in Hannover 2004 wird er (nach einem guten Jahr Pause) wieder reaktiviert und, mit allen Akzenten der neuen »T5«-Generation versehen, ausstattungsmäßig gleich oberhalb des Shuttle positioniert.
»Wenn Sie ein Auto für die Ansprüche einer ganzen Familie suchen, werden Sie sich schnell im neuen Caravelle wieder finden«, hofft die VWN-Werbung und peilt dabei als Zielgruppe nicht nur Kleinbus-Unternehmer an, die ein niveauvolles Fahrzeug »mit Limousinenanmutung« benötigen. Gerade auch Mütter und Väter sollen interessiert werden, denen ein normaler Pkw einfach zu klein und zu unflexibel ist: der neue »Caravelle« bietet nämlich »in Eleganz und Sportlichkeit« ein verändertes, komfortables Raumkonzept gegenüber früher – er ist von vornherein auch als Fünfsitzer zu ordern; mit Stauraum statt hinterer Sitzbank.

Baureihe:	Transporter T5
Modell:	Caravelle KR (kurzer Radstand) Caravelle LR (langer Radstand)
Bauzeit:	ab September 2004
Motoren:	siehe T5-Tabelle S. 18–19
Antrieb:	Vorderräder
Getriebe:	5V + 1R / 6V + 1R (je nach Motorisierung)
Bremsen:	Scheiben vorn und hinten
Höchstgeschw.:	Benziner 163–206 km/h Diesel 146–188 km/h
Leergewicht:	1850–2295 kg mit Fahrer
zul. GG.:	2850–3200 kg
Reifen:	205/65 R 16
Radstand:	3000 mm (KR) 3400 mm (LR)
L x B x H:	4890 x 1904 x 1960 mm (KR); 5290 x 1904 x 1960 mm (LR)
Innenraum KR:	L 2570 x B 1692 x H 1394 mm
Innenraum LR:	L 2970 x B 1692 x H 1394 mm
Anmerkungen:	kein Mittel-/Hochdach mögl., Automatik-, Allradgetriebe und 17-Zoll-Fahrwerk optional

Multivan

»Einer für alles und alles in Einem«, skizziert Volkswagen Nutzfahrzeuge sein Universaltalent »Multivan«. Zwar wie gehabt nur auf kurzem »T5«-Radstand aufbauend (was den irritierenden VWN-Werbeslogan »RaumPlus« nur für Umsteiger von Pkw oder Mini-Vans verständlich werden lässt), aber als »dritte Premium-Baureihe ... neben Phaeton und Touareg« immerhin in drei ausstattungsbezogenen Preis-Kategorien lieferbar: als sechssitzige Basis-Version mit Schiebetür rechts (mit in der linken Seitenwand eingelassenem Klapptisch und Sonnenrollos als Gardinenersatz; extra Einzeldrehsitz gegen Aufpreis möglich, siehe Abbildung), als Siebensitzer »Comfortline« mit beidseitig manuell zu betätigender Schiebetür (und einem in Bodenschienen flexibel verschiebbaren runden, klappbaren Schwenkplatten-»Multifunktionstisch«; großes Foto) sowie als Oberklasse-Modell »Highline« mit vom Prinzip her ähnlicher, aber luxuriöserer (Leder-)Ausstat-

Baureihe:	Transporter T5
Modell:	Multivan (Basis bzw. Trendline, Comfortline, Highline)
Bauzeit:	ab 2003
Motoren:	siehe T5-Tabelle S. 18–19
Antrieb:	Vorderräder
Getriebe:	5V + 1R / 6V + 1R (je nach Motorisierung)
Bremsen:	Scheiben vorn und hinten
Höchstgeschw.:	Benziner 163–206 km/h Diesel 149–188 km/h
Leergewicht:	2184–2526 kg mit Fahrer
zul. GG.:	2850–3000 kg
Reifen:	205/65 R 16
Radstand:	3000 mm
L x B x H:	4890 x 1904 x 1950 mm
Innenraum:	L 2537 x B 1625 x H 1317 mm
Anmerkungen:	nur mit kurzem Radstand, kein Mittel-/Hochdach mögl., Automatik-, Allradgetriebe und 17-Zoll-Fahrwerk optional

tung – u.a. mit »zwei elektrischen Schiebetüren, die sich auf Knopfdruck öffnen und schließen«.

Bei allen Ausführungen hat die in Längsschienen variabel arretierbare 3er-Sitzbank eine nach hinten klappbare Lehne; zusammen mit den drehbaren »Sandwichsitzen« in der Mitte – Rückenlehne auf Sitzpolster vorklappbar – ergibt sich die für einen »Multivan« obligatorische Liege, die allerdings nicht mit einer bequemen Schlafstatt verwechselt werden sollte: dazu bedarf es eines mehrpreispflichtigen, bettverlängernden »Gute-Nacht-Paketes« mit Vorhängen und zusätzlicher, ebener Polsterauflage.

California mit Aufstelldach

»Seit wir das Reisemobil erfunden haben, hat sich viel getan. Vor allem bei uns ...«, behauptet der entsprechende Prospekt nicht ganz zu Unrecht: die fast fünfzigjährige Zusammenarbeit mit Westfalia – inzwischen längst DaimlerChrysler-Tochter – ist nach rund einer halben Million, über vier VW-Bus-Generationen hinweg gemeinsam gefertigter »Campingwagen« beendet; die neue »T5«-Basis wird von Volkswagen Nutzfahrzeuge nun in eigener Regie (und noch dazu »in unmittelbarer Nähe zum Stammwerk ... in einer kleinen zweiten Fabrik in Hannover«; Pressetext) zum viersitzigen »California« ausgebaut.
Dabei orientieren sich Einrichtungs-Grundriss und Raumhöhen-Konzept – oberflächlich betrachtet – an langjährig Bewährtem (Fahrerhaussitze zum Wohnraum drehbar, linksseitig Kleiderschrank- und Küchenblock-Einbauten, variable Schlafsitzbank vor »Kofferraumab-

Baureihe:	Transporter T5
Modell:	California (Trendline, Comfortline)
Bauzeit:	ab April 2004
Motoren:	siehe T5-Tabelle S. 18–19
Antrieb:	Vorderräder
Getriebe:	5V + 1R / 6V + 1R (je nach Motorisierung)
Bremsen:	Scheiben vorn und hinten
Höchstgeschw.:	156–181 km/h
Leergewicht:	2387–2689 kg mit Fahrer
zul. GG.:	3000 kg
Reifen:	205/65 R 16
Radstand:	3000 mm
L x B x H:	4890 x 1904 x 1985 mm
Innenraum-Maße:	L 2439 x B 1625 x H 1296 mm
Sitzbankbett:	L 2000 x B 1140 mm
Dachbett:	L 2000 X B 1200 mm
Anmerkungen:	nur mit Aufstelldach und nur mit kurzem Radstand; drehbarer Zusatzklappsitz, Automatik-, Allradgetriebe und 17-Zoll-Fahrwerk optional

deckung mit Polsterauflage«, nach hinten öffnendes Aufstelldach mit Faltenbalg und Liegefläche); die räumlichen Gegebenheiten für einen Reisemobil-Ausbau im kurzen »T5«-Gehäuse lassen aber auch kaum andere Möglichkeiten zu.

Die Konstrukteure bei VWN konzentrierten sich daher verstärkt auf die (auch aus Gewichtsgründen dringend gebotene) Optimierung der einzelnen Ausbau-Komponenten »unter Einsatz innovativer Ideen und Materialien«: so sind die mit Holzdekor bezogenen Schrankeinbauten u.a. aus Leichtmetall-Sandwichplatten mit gewelltem Innenkern geformt, und auch die nunmehr elektrohydraulisch ausfahrbare Aufstelldachschale (mit verbesserter Scherenmechanik-Hubhöhe und »selbstbergendem Faltenbalg«) besteht aus Aluminium. Ob der Verzicht auf Gardinen den Innenraum wohnlicher macht, sei einmal dahin gestellt – der neue »California« wird jedenfalls mittels faltbarer Steckrahmen und Rollos »blickdicht verdunkelt«.

In zwei auch äußerlich unterschiedlichen Versionen angeboten (siehe Stoßfänger, Scheinwerfer und Seitenschutzleisten), ist der kurze »California« ein sowohl alltags- wie urlaubstauglicher Kompromiss.

Business

Schon im Exterieur offensichtlich oberhalb der »Multivan«-Austattungslinie »Highline« angesiedelt (verchromter Kühlergrill, »Privacy-Verglasung«, Seitenschutz- mit integrierten Chromleisten, 17-Zoll-Fahrwerk), macht der wirklich nicht alltägliche sechssitzige »Business« mit seinen Leder-, Edelholz- und Chromoberflächen auch hinter der elektrisch betriebenen Schiebetür einen überaus repräsentativen, d.h. spürbar kostenintensiven Eindruck: wie in einer VIP-Lounge ist eine großzügige, ebenfalls elektrisch verstellbare Vierer-Sesselgruppe in Konferenzstellung um den wiederum elektrisch aus der linken Seitenwand ausfahrbaren Holzintarsien-Tisch gruppiert, wobei die mittleren Sitzmöbel auch in Fahrtrichtung gedreht werden können und zwischen den beiden hinteren eine Kompressor-Kühlbox integriert ist ...

Baureihe:	Transporter T5
Modell:	Business
Bauzeit:	ab Herbst 2003
Motoren:	siehe T5-Tabelle S. 18–19 (Kennbuchstb. BDL, AXD, AXE)
Getriebe:	6V + 1R
Höchstgeschw.:	V6-Motor 206 km/h TDI-Motoren 168–188 km/h
Reifen:	235/55 R 17
Anmerkungen:	Automatik-, Allradgetriebe und 18-Zoll-Fahrwerk optional; andere Daten wie Multivan

Ein »Business« wird nicht am Fließband produziert – das »Service-Center Spezialausstattungen« (SCS) im Werk Hannover zeichnet für die handwerkliche Perfektionierung verantwortlich.

Taxi / Unfallaufnahmewagen / Verkaufswagen / Autotransporter

Baureihe:	Transporter T5 Sonderausführungen
Bauzeit:	ab 2003
Anmerkungen:	andere Daten vgl. Grundtypen

Als Basisfahrzeug für Sonderaus- und -aufbauten sind die universellen Grundtypen der Volkswagen »Transporter« seit Jahrzehnten bekannt und beliebt – da macht auch die neueste Generation keine Ausnahme. Im Gegenteil: obwohl erst am Beginn ihrer Produktionszeit, gibt es bereits Dutzende von Varianten und Derivaten zahlreicher Fremdanbieter, die den »T5« zweckbestimmt spezifiziert oder branchengerecht variabel, für private und gewerbliche Einzel- wie für behördliche Großkunden präparieren.

Dem werkseigenen »SCS« fällt dabei hauptsächlich die Rolle zu, das breite Standardprogramm von Volkswagen Nutzfahrzeuge durch zusätzliche Mehrausstattungen, individuelle Veredelungen oder serielle An- bzw. Einbaulösungen zu ergänzen (aus dem hier exemplarisch ausgewählten Grundtyp »Kombi« werden z.B. Taxis, Frischedienst- und Servicefahrzeuge, Krankentransport-, Feuerwehr- oder Unfallaufnahmewagen; vgl. oberes Fotopaar). Als Beispiele für werksexterne Auf- und Umbauten auf »Transporter«-Plattform aus dem unerhört vielfältigen und stetig wachsenden kommerziellen Bereich sind im unteren Bildpaar ein Backwaren-Verkaufswagen (aufgesetzt auf ein Tiefrahmen-Fahrgestell, das an dem frontgetriebenen »T5«-Triebkopf angeflanscht ist) und ein zum besseren Aufladen knickbarer Autotransporter (aus einem »Fahrgestell mit Doppelkabine« entwickelt) wiedergegeben.

Der Bully

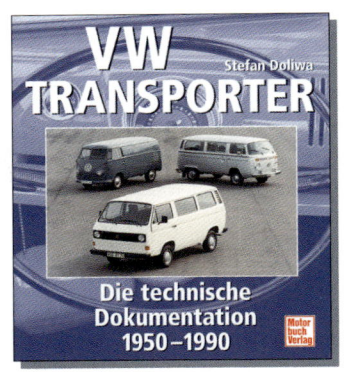

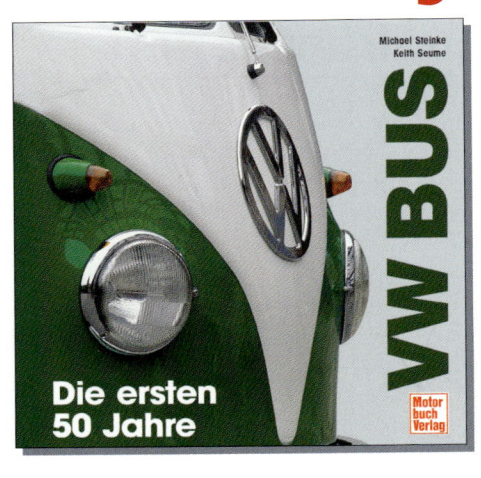

Keith Seume/Michael Steinke, **VW Bus**
Die Story des VW-Transporters in Hunderten von Bildern.
Von den Prototypen des Jahres 1949 bis zum Sharan, der ausgefeiltesten Form eines VW-Busses.
132 Seiten, 496 Bilder, davon 285 in Farbe, 5 Zeichnungen
Bestell-Nr. 02000 € 26,–

Michael Steinke, **VW Campingwagen 1951–1991**
Campingmobile und Reisewagen, mit denen die Wolfsburger zwischen 1950 und 1990 Hunderttausende von Auto-Touristen mobil machte in ihrer zeitgenösischen Werbung.
96 Seiten, 150 Bilder
Bestell-Nr. 87223 € 12,–

Stefan Doliwa, **VW Transporter**
Ein unersetzliches Standardwerk über den VW-Transporter. Nach Modelljahren geordnet, begeistert es Restauratoren wie Fans gleichermaßen. Mit vielen Infos und Fotos.
208 Seiten, 123 Bilder
Bestell-Nr. 02024 € 26,–

Johannes P. Heymann, **Campingbusse selbermachen**
Der Autor nimmt Wohnmobil-Novizen an die Hand und zeigt, wie's gemacht wird. Das war 1977 so und das zeichnet auch die neue, völlig überarbeitete Ausgabe aus.
304 Seiten, 172 Bilder, 51 Zeichnungen
Bestell-Nr. 02111 € 26,–

IHR VERLAG FÜR AUTO-BÜCHER

Postfach 10 37 43 · 70032 Stuttgart
Telefon (0711) 21 08 065 · Telefax (0711) 21 08 070
www.paul-pietsch-verlage.de

Motorbuch Verlag

Stand November 2004
Änderungen in Preis
und Lieferfähigkeit vorbehalten